Barbara Messer

# Mein Weg über die Alpen

AF288267

*Für meinen Vater Herbert Messer, den ich in seinen letzten Tagen und Stunden begleiten darf, während ich noch einmal an den Seiten des Buches feile.*

*In Gedenken an einen Mann, der mir die Liebe zu den Bergen vorgelebt hat und der ebenfalls ein Läufer war. Aber auch ein echter Zausel!*

# Barbara Messer

# Mein Weg über die Alpen

## Eine Reise zu sich selbst und anderen

### Mehr als ein Reisetagebuch

Edition Forsbach

**Bibliografische Information der Deutschen Nationalbibliothek:**

Die Deutsche Nationalbibliothek verzeichnet diese Publikation in der Deutschen Nationalbibliografie; detaillierte bibliografische Daten sind im Internet über http://dnb.dnb.de abrufbar.

**Edition Forsbach**
*Leben & Mee(h)r*

© Edition Forsbach, Fehmarn 2017
www.edition-forsbach.de
ISBN 978-3-95904-014-3
Dieses Buch ist auch als E-Book erhältlich:
ISBN 978-3-95904-020-4

Coverbild und alle Fotos: © Barbara Messer
Autorenfoto: Uwe Klössing

Druck: CPI books GmbH Leck
Printed in Germany

# Inhalt

# Einleitung

„Doch, ich tu's", sagte ich zu mir selber, just als mich diese erst so verrückt klingende Idee beschlich. So einen Impuls, solch ein Vorhaben, wollte ich einfach nicht aufschieben.

Dazu ist es viel zu kostbar.

Und dann habe ich es einfach getan. Bereits nach wenigen Wochen der Vorbereitung bin ich losgestiefelt.

*Denn es gibt so viele Gründe, über die Alpen zu gehen.*
*Bei mir waren es diese hier:*
*Nach einer turbulenten, intensiven Lebensphase*
*sehnte ich mich nach Ruhe und Natur.*
*Ich wollte gerne Zeit mit mir alleine verbringen,*
*aber auch dieses gesetzte Ziel erreichen.*
*Mir liegen die schlichten Abenteuer.*

Natürlich ist es aufregend, auf den Malediven zu tauchen. Das aber lässt mein Budget zur Zeit nicht zu, und außerdem komme ich gerne aus eigener Kraft vorwärts. Wanderschuhe, Paddelboot und Fahrrad sind also heiß geliebte Begleiter meiner Touren.

Auf dieser Tour ging es mir darum, mich in die Natur hineinzubegeben, in ihr einen Platz zu haben, ihre Schönheit und Intensität in mir aufzusaugen, von ihr zu lernen und mich in ihr zurechtzufinden.

Wenn Sie möchten, dann folgen Sie mir auf dieser Wanderung. Sie dürfen mir gerne über die Schulter schauen und mich in den hellen, strahlenden und auch in den schweren Momenten begleiten. So sind Sie ganz herzlich willkommen, die kleinen und großen Abenteuer und Begegnungen mitzuerleben, ähnliches aber auch in Ihrem Alltag zu finden.

In diesem Buch geht es nicht nur ums Wandern. Vieles hat mit innerem Aufräumen, mit Nachdenken, Erinnerungen, Fragen und Antworten und auch mit sehr persönlichen Einblicken zu tun. Und zugleich ist es auch angereichert mit Impulsen zur Selbstführung.

Vielleicht haben Sie nach dem Lesen des Buches sogar Lust bekommen, ein Stück dieser Tour mit mir zu gehen.

Mich hat diese Wanderung verändert, und ich werde immer wieder losgehen, auf die innere und äußere Reise, so lange ich das noch kann.

Ich freue mich, mit Ihnen ein Stück gemeinsam zu gehen.

In diesem Sinne wünsche ich Ihnen viel Freude beim Lesen!

Barbara Messer

# Tag 1 – 26. Juni:
# Von Lenggries zur Tutzinger Hütte

Die ersten 400 Meter sind gegangen. Jetzt merke ich, dass der Rucksack sich anders tragen lässt, als wenn ich ebenerdig gehe. Er ist schwer. „Habe ich zu viel mit?", blitzt mir ein kleiner Schreck durch den Kopf. Ich beginne schon, anders zu atmen, nicht mehr so gleichmäßig. Auch das Schwitzen fängt schon an. Ich frage mich, warum es regnet. Natürlich weiß ich, warum es regnet. Aber warum muss es jetzt regnen? Und dann ist es noch ein bisschen dunkler am Himmel geworden.

Es ist seltsam – noch begleitet mich Nicola als meine Gefährtin, noch bin ich also nicht alleine. (Ich hatte sie nicht davon abbringen können, mich zu begleiten – und fand die Vorstellung sehr schön. Eine liebevolle, vertrauensvolle Einstimmung auf diesen Weg.)

Und dennoch merke ich, dass der Wind mich jetzt schon trägt, dass die Vorfreude groß ist, dass das Abenteuer auf mich wartet. Ja. Das stille Abenteuer wahrscheinlich, das feine, kleine. Ich habe die Route genau vor Augen. Ich weiß, wo ich lang will. Ich freue mich, auch bekannte Stellen zu treffen, wie den Passo Pordoi oder das Pustertal. Ja, und in mir ist Ruhe und Frieden, weil es nun losgeht. Was für ein köstlicher Zustand.

Die Unkenrufe – die inneren und die der anderen – stellen sich auch ein. Gert spricht seit Wochen immer wieder mit mir, wie gut es wäre, noch mehr Gewicht (im Rucksack) zu reduzieren und das Zelt zu Hause zu lassen. Gert ist einer meiner guten Freunde. Oft gar nicht so sichtbar, aber wenn es drauf ankommt, dann ist er da – liebevoll, fürsorglich, verbindlich und klug. Er hat mir vom Zelt abgeraten, eben weil er diese Route selbst gegangen ist, nur andersherum.

Einige Menschen im Schuhgeschäft hatten gesagt: „Noch eine Nummer größer!", und plötzlich habe ich das Gefühl, ich hätte meine Wanderschuhe doch größer nehmen sollen. Da ich aber Männerschuhe trage (bei Schuhgröße 43 scheiden Damenmodelle seit Jahrzehnten ganz schnell aus), dürfen sie auch nicht zu weit sein. Und so sind es diese und jene und andere Gedanken, auch meine ganze Ideenflut, all die „To-dos" zum Beispiel, die mein inneres Kopfkarussell in den letzten Tagen ausmachten. Da dreht es sich und dreht sich und dreht sich. Da ist auch der Abschied von meiner Katze, der mir nahe ging. (Ob sie weiß, dass wir uns jetzt lange nicht sehen? Gesagt hatte ich es ihr, aber ich war mir nicht sicher, ob das reicht.) Und dennoch bin ich mir sicher, dass wir sehr verbunden sind mit unseren beiden Seelen, meine Katze und ich.

Meine Tochter, schon fast erwachsen, weiß ich in ganz sicherer Obhut, da kann nichts passieren. Das Band zwischen ihr und mir ist fest und leicht zugleich. Wenn man sich liebt, muss man sich freilassen können, geht es mir ganz stark durch den Sinn. Und auch in einer Partnerschaft, wie die, in der ich bin, ist es wichtig, sich Freiräume zu geben, damit sich jede so entwickeln kann, wie es ihre Aufgabe zu sein scheint oder ist. Das alles ist gerade jetzt im Anfangstaumel noch nicht klar, nur so angedacht. Bei den ersten Wanderschritten tauchen diese Gedankenschnipsel auf. Ich bin neugierig, wie dieser Tag werden wird. Ich bin neugierig, wie dieser erste Anstieg, der nun steil vor mir liegt, werden wird. Und ich weiß nicht, wo ich heute Nacht mein Lager aufschlage, um zu schlafen. Vielleicht gehe ich sogar die 20 km bis Jachenau durch und fläze mich gemütlich in einen Gasthof. Oder ich bleibe auf der ersten Hütte oder zelte an den Wasserfällen. Fragen, Gedanken. Noch keine Antworten. Alles noch so frisch, so ungewohnt, so fremd auch.

Komme ich heile wieder? Bleibe ich am Berg? Stürze ich? Werde ich massive Verletzungen haben? Gehe ich verloren? Was ist, wenn ich solch eine Angst bekomme, dass ich nicht weiter weiß? Was ist, wenn ich gar nicht mehr zurück will?

Ist das hier eine Heldenreise? Eine Reise, ein Aufbruch in eine neue Welt? Neue Herausforderungen finden, suchen, bewältigen?

Warum gehe ich überhaupt los?

Ich will eine Zeitlang für mich alleine sein, Stille spüren und erleben. Ruhe, immer wieder fällt mir dieses Wort dazu ein, die tiefe Ruhe. Ohne das normale Alltagsgewusel. Ruhe in mir und Ruhe im Außen. Ruhe geht für mich mit Stille einher, sie gehen Hand in Hand. Stille ist nicht die Abwesenheit von Lärm, Stille hat für mich auch so etwas wie Innehalten, Anhalten, Verweilen. Ich liebe die Natur in all ihrer Vielfalt und möchte davon so viel wie möglich erleben. Am liebsten möchte ich mich 24 Stunden am Tag und in der Nacht in ihr bewegen und aufhalten. Und am liebsten möchte mich unauffällig, sicher und auch spurenlos in ihr verhalten. So sicher, als sei ich kundig, wissend, wie es geht.

Auch in den Bergen, die mir – trotz mehrfacher alpiner Wanderungen und Radtouren über hohe Alpenpässe – immer noch ein wenig fremd sind. Insbesondere dann, wenn es nicht das Bilderbuchwetter ist, das aus den Prospekten der Fremdenverkehrsämter hervorblitzt.

Ich möchte auf der Erde gehen, ein Stück Weg mit den Füßen hinter mich bringen. Romantisch ausgesprochen könnte ich sagen, dass ich auf ihr wandeln möchte. Ich möchte die Erdkugel ein bisschen „bewegen", unter mir drehen, ähnlich wie ein Seehund, der, auf einer Kugel sitzend, noch einen bunten Ball auf der Nase drehend, die große Kugel unter sich zum Drehen bringt. Ich weiß, dass ist eine romantische Vorstellung, eine kindliche Bilderbucherinnerung.

Und ich möchte wissen, ob ich dieses gesetzte Ziel, in drei Wochen von Lenggries nach Belluno zu Fuß zu gehen, erreichen kann.

Gelingt es mir, diese Wanderung mit all den Höhen und Tiefen zu bewältigen? Bin ich in der Lage, so lange alleine all die Herausforderungen anzunehmen? Schaffe ich es, diesen Traum zu realisieren? Kann ich mich selber überraschen, dass es sogar besser wird, als ich es mir in all den Monaten der Vorbereitung ausgemalt habe?

Und natürlich möchte ich meine Widerstandskraft stärken, meine Resilienz. Resilienz ist etwas, was mich schon von klein auf beschäftigt, auch wenn es damals natürlich nicht so hieß. Weitermachen, auch wenn es schwierig wird. Nicht gleich aufgeben. Fallen, scheitern, aufstehen mit einer neuen Haltung. Ich verspreche mir intensive Einsichten und Erfahrungen, wenn es den Berg hinauf geht, wenn es schwer wird oder wenn ich am liebsten aufgeben möchte. Auf was genau greife ich dann zurück? Welche innere Quelle kann ich anzapfen? Woher nehme ich die Kraft oder Fähigkeit, weiterzumachen, voranzugehen?

Ich möchte mich noch mehr innerlich sortieren, mit Abstand und Weite im Blick und im Herzen auf die letzten Jahre blicken. Es waren überwiegend schwere Jahre, die mich haben altern und auch reifen lassen. In denen ich aber auch das Glück und die Tiefe noch einmal neu erleben durfte!

Die Schwere in ihrer Intensität hat mich geformt, sie hat mich erleben lassen, wie wenig ich wirklich brauche. Sie hat mich gelehrt, dass ich Minimalismus als einen wesentlichen Weg zu mir selbst betrachte. Unnötiges braucht nicht mehr abzulenken. Das Wesentliche ist direkt sichtbar, begreifbar, erlebbar. Ich habe erfahren, dass Menschen mir Materielles nehmen können, aber nicht meine inneren Gaben und Werte. Meine Inspiration, mein Mut, meine Liebe und Hingabe, mein Freiheitswille, meine Spontanität und Flexibilität sind nur einige der Geschenke, die ich dabei gewonnen habe.

Und diese Tour, diese neue Heimat in meinen Wanderschuhen und dem Zuhause im Rucksack, wird mich sicher lehren, dass es noch weniger braucht, als ich bisher dachte, um glücklich zu sein.

Beim Hinaufsteigen schweift mein Blick. Die Natur, hier noch gar nicht spektakulär, eher bescheiden und schlicht, breitet sich aus. Blumen, Bäume und Schnecken, Vögel, Steine.

### Erinnerung: „Schnecken"

*Als kleines Mädchen habe ich, wie wohl viele Kinder, Schnecken gesammelt, um sie dann anschließend in Schuhkartons zu sperren. Dort beobachtete ich sie, während ich ihnen Blätter zu essen gab, über Stunden (Fernsehen war noch nie wirklich meines) und staunte über das Phänomen, dass sie ihr Haus immer dabei haben. Damit sind sie unabhängig. Sie müssen keine Wäsche waschen, das Haus nicht großartig säubern. Es ist immer da, sie können einfach den Kopf einziehen und haben ihre Ruhe. Wenn es regnet, werden sie nicht nass.*

*So hockte ich versunken vor dem kleinen Kasten, bis mich meine Oma wieder in den Alltag zurückholte, nicht ohne mich zu bitten, die Schnecken auch wieder freizulassen.*

*Ähnliches machte ich übrigens auch mit Fröschen. Aber da war ich schon älter. Voller Freude fuhr ich auf meinem goldenen Fahrrad zu meinem Lieblingsbach, am Lenker schaukelte eine der Alumilchkannen, die es früher gab. Dann stand ich glücklich mit meinen Gummistiefeln im Bach, sammelte die Frösche ein, steckte sie alle in meine Milchkanne, um sie dann zu Hause in verschiedene Eimer und Schüsseln freizugeben.*

*Natürlich war das keine Freiheit für einen Frosch. Mein Interesse, sie zu beobachten, war aber größer, sodass ich darüber gar nicht nachdachte. Allerdings ermahnte meine Mutter mich, die Frösche wieder zurückzubringen. Wahrscheinlich mochte sie mein kleines Biotop, welches ich in meiner Zimmerhälfte oder im Wäschekeller unterbrachte, nicht wirklich. Sicher war ihr auch bewusst, dass mein Handeln eine Art Tierquälerei war. Meist gab ich nach und fuhr dann anderntags die Frösche zurück. Und brachte neue mit nach Hause.*

Da sind sie schon, die Erinnerungen, die mich hier einholen.

Aber schneckenähnlich fühle ich mich jetzt. Ich habe das Haus, meinen Rucksack, dabei.

Dieser Moment ist per se schon eine Einladung, einen Satz (oh, es werden mehrere) auszusprechen, der in die Kategorie „Kalendersprüche und Lebensweisheiten" gehört.

Nun denn, raus damit. Vielleicht werden sie sogar zu einer Art Wandermantra oder begleitendem Stern.

„Wer frei ist, kann überall daheim sein."
„Unterwegs bin ich mir nah."
„Je weniger du besitzt, desto reicher bist du."
„Wenn du im Herzen bist, bist du überall zuhause.
Du bist dein Zuhause."

Fragen und Gedanken kommen und gehen. Auch die Frage nach dem selbst auferlegten Minimalismus.

Gelingt es mir auf solch einer Tour, den üblichen Luxus zu hinterfragen, darauf zu verzichten?

Wozu neige ich in den schwachen Momenten? Zur Hüttenübernachtung, dem Zelt oder einem 4-Sterne-Hotel? Was brauche ich an Essen, an Abwechslung? Reichen die zwei Unterhemden? Klappt es mit dem einfachen Wasser, der Vorstellung, in Gebirgsbächen zu baden, dem täglichen Wäschewaschen?

Es ist nicht der ultimative Kick, den ich mir hier holen will. Es geht mir nicht um spektakuläre Klettersteige, um all die Stempel in einem

Gipfelbuch, um für andere beeindruckende Selfies auf hohen Gipfeln zu machen. Es ist eher eine Sehnsucht nach Abenteuer, nach einem kurzen Ausstieg, einer Auszeit. Oder noch besser gesagt, nach einer In-Zeit, einer Zeit mit mir. In mir.

Ich suche Begegnungen mit der Natur, den Tieren, ich möchte in Blumenwiesen baden, Himmelsblau aufsaugen und Steine in meinen Taschen sammeln, die ich auf dem Wege finde.

Ich möchte meine Beine in den Wanderschuhen dahinstiefeln sehen, wenn ich nach unten schaue. Ich möchte in rot-weiß-karierter Bettwäsche schlafen, mit Blick auf eine morgenrotgetränkte Bergwand aufwachen. Ich will mit Murmeltieren Freundschaft schließen, ein Edelweiß sehen. Knödel essen und Enzian trinken. Nackt in Bächen baden und Adler sehen.

Ich möchte Menschen treffen, die eine ähnliche Sehnsucht haben, die es ähnlich in die Welt treibt. Vielleicht ein Stück gemeinsam gehen, vielleicht merken, dass es alleine schöner ist. Oder sogar beides. In Übereinstimmung mit mir und mit anderen sein. (Das ist doch, wenn ich ehrlich bin, eine der tiefsten Sehnsüchte von uns Menschen.)

Am liebsten möchte ich einen Abend mit Reinhold Messner verbringen und ihm zuhören, wenn er von seinen Touren, seinen Träumen und seiner Vision erzählt. Von ihm lernen, wenn er von den schweren Momenten, dem Scheitern, den Ängsten und den Höhenflügen erzählt. Oder sogar eine Tour mit ihm gehen, um hinterher müde und friedlich auf den gewonnenen Tag zu schauen.

Den anderen Abend möchte ich mit Hape Kerkeling verbringen, mit ihm flüchten, wenn es doof wird. Mit ihm reden, über Alltägliches, über den Genuss und die Freude am Alleinsein. Er kennt ihn ja auch, diesen Zustand, inmitten von Menschenmengen zu sein, um dann wieder Kraft im Alleinsein finden. – Sehr gerne möchte ich mit ihm einen Rotwein trinken oder auch eine ganze Flasche, um ihm zuzuhören, wie es ihm gelungen ist, dazu zu stehen, einen gleichgeschlechtlichen Menschen zu lieben. Ich möchte ihn einfach kennenlernen. Von daher ist er so etwas wie mein heimlicher Begleiter. Er weiß nichts davon, das ist gut so.

Nun ist es später. Drei oder vier Stunden bin ich jetzt unterwegs. Jetzt bin ich alleine. Kuhglocken, Regen, zwei Kleeblätter. Tränen in den Augen und ein mühevolles Loseisen von Nicola, meiner Gefährtin, die mich bis zur ersten Station Brauneck begleitet hat, liegt hinter mir. Welch eine liebevolle Geste von ihr, ein herzliches Geleit, um mir den Start zu verschönern.

Bei diesem Abschied spürte ich dann ein leise klopfendes Gefühl im Herzen: Werden wir uns wiedersehen? Komme ich heile an? Was passiert, wenn nicht, wenn ich zurückbleibe, nicht ans Ziel komme, weil ich verunglücke? Wie werde ich hinterher sein? Werde ich anders sein? Zugleich war dieser Abschied schön, aufregend, bewegend – trotz des andauernden Regens. Das erste Mal so lange alleine und voller Neugier, wie es wird. Erstaunlicherweise geht es gerade abwärts und ich hoffe, mein Weg stimmt. Meine Zuversicht ist groß und irgendwie ist mein Herz schwer und doch leicht zugleich, während ich hier durch nasse Kuhfladen latsche. Ich bin glücklich und stolz, aufgebrochen zu sein.

Es ist heute nicht wichtig, wie die Aussicht ist, weil ich im Regen sowieso nichts sehe. Und schon in den ersten Stunden bergauf haben mich viele Sachen umgetrieben. Das Lied „Die Moorsoldaten" mit dem Refrain „… wir ziehen mit dem Spaten ins Moor" ging mir immer wieder durch den Kopf, als ich mühsam den Berg hinaufstieg. Alles war nass. Mir lief das Wasser überall lang, und ich konnte zumindest zu einem winzigen Bruchteil nachempfinden, wie schwer es diesen Moorsoldaten ergangen ist. Das Lied der Moorsoldaten habe ich schon als Jugendliche geliebt, oft habe ich die Melodie gesummt. Ich erinnerte mich an das Lied, an die Zeit, als ich es das erste Mal hörte. Damals war ich sehr aktiv in der Friedensbewegung und konnte es immer wieder kaum fassen, was Menschen in Konzentrationslagern von Menschen angetan worden ist.

Auf vielen Ostermärschen haben wir es früher gesungen, in dem Wissen, was andere erleiden mussten und müssen. Das Lied war mir wichtig, weil es mir deutlich machte, dass es so viel Leid auf der Welt gibt. Damals, mit 14 oder 15, konnte ich mich der Ahnung des Ausmaßes dieses Leides nur schrittweise nähern. Auch jetzt kann ich es kaum fassen.

Heute Mittag war es schon in meinem Sinn, jetzt taucht der Satz erneut auf: Je weniger wir besitzen, desto reicher sind wir.

Abends in der Hütte resümiere ich diesen Tag. Meinen ersten Tag. Mein Einstieg in die Route, die jetzt für 21 Tage mein Zuhause sein wird.

Aber jetzt? Knödel und Weißbier in einer lauten Hütte. Jetzt weiß ich wieder, warum ich Hütten meiden wollte. Es ist einfach laut nach diesen eindrücklichen Stunden der Wanderung, den Stunden draußen alleine. Gut, der Körper verlangt nach einer Dusche, der Geist nach Schlaf. Der Magen braucht Nahrung. Und ich brauche auch so etwas wie Sicherheit, Schutz, Obhut.

Die Eindrücke aus der Natur versuchen noch in mir nachzuhallen – was in Anbetracht des Lärmes hier nicht leicht ist. Ich bin voller Bilder – dreidimensional – als sei ich inmitten eines Filmes.

Das war mein erster Tag:

Beeindruckend waren die Tiere, die ich vor meinem inneren Auge noch einmal Revue passiere lasse.

Neun von diesen schönen schwarzen Salamandern, also Feuersalamander ohne gelbe Flecken.

23 oder 24 Schafe, die plötzlich auf dem Wege standen. (Ich war mir schon sicher, dass es ihr Berg ist, nicht meiner. Sie erlaubten mir jedoch freundlich das Durchschreiten ihrer Herde.)

Insgesamt sechs Steinböcke. Davon ein Paar, das kopulieren wollte, als ich ihren Weg kreuzte.

Diverse Schnecken aller Art, Kühe mit und ohne Glocken um den Hals, Vögel, Regenwürmer.

Berge konnte ich aufgrund des Nebels und der Regenwolken nicht sehen. Ich konnte meist nur etwa 5 bis 10 Meter weit sehen. Im Nachblick viel zu riskant. Somit ein heftiger und unliebsamer Einstieg in diese Tour. Nun ja. So kann ich meine mentale Ausdauer üben. Das hört sich vielleicht ironisch an, das ist es auch ein wenig. Aber wer weiß, was noch alles kommt …

Bereits der erste Anstieg, der steil und lang war, brachte zu allem noch den Regen hinzu und verhalf mir recht schnell, so eine Art Gleichmut oder Gleichgültigkeit zu entwickeln, mit der ich hochstieg. Trott pur. Unverhofft begann ich, vor mich hin zu summen. Die ersten Fragen suchten nach Antworten. Ich bin super ausgerüstet. Gleich heute bei Regen und der ersten anspruchsvollen Route erwies sich alles als gut. Abends ein Bett, eine warme Dusche und ein warmes Essen. Ganz anders als Menschen, die bei Frost und Schnee im Moor gearbeitet haben. Ohne Heimat, ohne Wärme, ohne Sicherheit.

Auf dem ersten Stück der Wanderung konnte ich noch auf den Luxus der zivilisierten Welt zurückgreifen. Am ersten Halt, der Seilbahnstation in Brauneck, konnte ich meine durchnässte Kleidung in einem dieser Turbo-Händetrockner trocknen. Dies begriff ich als Erleichterung, denn so hatte ich flugs wieder trockene Kleidung. Und es war lustig, ich lachte lange über diese Situation.

Hier gab es kleines Picknick und den Abschied von meiner Gefährtin, die mich dieses erste Stückchen noch begleitet hatte. Ab dann war ich alleine unterwegs – ein komisches Gefühl. Zumal ich durch den Nebel kaum noch etwas sah. Aber ich ging einfach los.

An einer Weggabelung, vor den beiden Wegweisern mit demselben Ziel stehend, entschied ich mich für den kürzeren Weg, der aber dann extrem anspruchsvoll war. Auf den Wanderführer, der regenbedingt weiter weg verpackt war, griff ich nicht zurück, um die Route noch einmal abzuklären. Zwischendurch hatte ich das dann extrem bereut, weil die nun folgende Tour – auch im abendlichen Rückblick – als Einstieg in den ersten Tag viel zu gefährlich war. Extreme Nässe, erste Klettersteige, an denen ich mich an einem Drahtseil festhalten musste, um auf- oder abzusteigen. – Das war ungewohnt, befremdlich, komplett ungemütlich.

Auch jetzt noch, hier am Tisch in der warmen, trockenen Hütte sitzend, erschauere ich vor Ehrfurcht, aber auch vor Angst, denn dieses Auf und Ab war nicht ohne. Es war mir, ehrlich gesagt, viel zu gefährlich. Aber jetzt bin ich sicher hier. Vermutlich wäre ein Umkehren auch nicht passend gewesen. Wo wäre der „Point-of-no-return" gewesen?

Es war meiner Meinung nach unvernünftig, denn ich hätte auch wissen müssen, dass ich so ziemlich die Letzte bin, die an diesem Tag auf dieser Tour ist. Es gab Dauerregen. Ich habe ein zu schweres Gepäck, weil ich ein Zelt mit mir herumtrage. Ich habe auch noch Proviant (Lieblingstofu, Joghurt, leckere Riegel, Obst etc.) dabei, und es war dann ganz schön haarig, weil ich mehrfach ausgerutscht bin. Dabei bin ich sogar auf mein – jetzt schon so geliebtes – rotes Regencape getreten.

Es gab kaum Sicht. Nur Nebel. Zwei Meter vor mir, zwei hinter mir. Wahrscheinlich war es gut, dass ich nicht sehen konnte, wie steil es an den einzelnen Spitzen der Achselkopfe (so hieß dieser Teil der Tour) abwärts ging. Ich wäre wahrscheinlich schlotternd stehengeblieben, nicht mehr vor und nicht mehr zurück, störrisch vor Angst wie ein Esel, der nicht mehr weiter mag. Dennoch trieb es mich weiter, weiter und weiter. Bloß irgendwo ankommen, wo Menschen sind.

> Liebe Barbara Messer, also aufgepasst, wenn das nächste Mal ein Warnschild am Wege steht. Lieber noch mal auf die Karte und in den Wanderführer schauen. Lieber einmal zu viel als zu wenig.

Tage später hielt ich in einer Hütte einen Bildband der Route „München – Venedig" in den Händen. Dort sah ich zum ersten Mal diese Landschaft und die bizarren Achselköpfe, durch die ich heute „gekrabbelt" bin. Ich war beeindruckt – allmählich und ganz sicher entstand das Gefühl in mir, es sollte noch ein nächstes Mal geben.

Eher wäre mir jetzt nach Ruhe, als dem Lärm der „UNO" spielenden Jugendgruppe und all den anderen, die von ihren bisherigen Wandererfolgen erzählen, unweigerlich zu lauschen. Still ist ein Paar am Tischende. Sie sitzt da, friedlich Knödel und Suppe essend. Er schaut auf die Wanderkarten vor ihm und sein Bier. Er trägt ein Finisher-Marathon-T-Shirt.

Auf das Tragen dieser „Statussymbole" hier in den Bergen war ich nicht vorbereitet. Gut, es ist Funktionskleidung, die aber noch den Nebeneffekt hat, Lebensereignisse zu verankern oder zu erinnern, auf die die Menschen stolz sind. Schamvoll erinnere ich mich, dass ich sie manchmal auch trage, sie waren sogar meine Hauptbekleidung beim Erradeln diverser Alpenpässe vor zwei Jahren. Ein wenig Angeberei war damals dabei, muss ich mir eingestehen.

Meinen klatschnassen Regenponcho hänge ich in den Schuhraum gleich vorne am Eingang der Hütte. Da entdecke ich auch die Mülltüten aus kompostierbarem Material. Auf ihnen ist zu lesen, dass jeder Wanderer mit dieser Tüte bitte seinen eigenen Müll wieder nach unten ins Tal tragen solle. Klasse. Was für eine erzwungene Verantwortungsübernahme. So werden wir aufgefordert, unseren Müll zu tragen! Der Hüttenwirt muss selbst genug Müll über Seilbahnen oder Hubschrauber abwärts transportieren lassen.

Mir kommt der Gedanke in den Kopf, wie einfach das Leben sein könnte.

Wären wir wie Schafe, wäre die Welt bestimmt einfacher. Wir lebten hier in den Bergen, fräßen alles, was die Natur uns gibt, produzierten keinen speziellen Müll außer unseren Ausscheidungen, von denen wiederum andere Tiere wieder leben könnten.

Jetzt ist der Abend „spät", es geht auf 20.30 Uhr, bald ist Schlafenszeit auf der Hütte. Ich schaue noch einmal hinaus und bin total erstaunt, wie schön es draußen ist. Ich hatte heute nur Nebel und Wolken erlebt. Von der Einmaligkeit und Eindrücklichkeit dieser Bergwelt hatte ich vorher kaum etwas geahnt. Der Regen hat aufgehört, ich kann einen Eindruck der abendlichen Landschaft aufnehmen.

Dieser Tag war ein großer Sprung zwischen den Welten. Ganz früh am Morgen hatte ich noch die letzten Seiten an einem Buch überarbeitet und an den Verlag geschickt – während ich eine friedliche Stimmung spürte im heimeligen Bett, die Katze auf meinen Füßen schnurrte und der Regen aufs Dach des Wohnmobils prasselte. Und nun – wenige Stunden später – sind Arbeit und all die daraus resultierenden Projekte schon weit entfernt.

Facebook ist etwas, was schon jetzt seinen kompletten Reiz verloren hat. Auch das Handy hat keinen Empfang mehr. Allerdings bin ich zu müde, um noch Rauchzeichen zu geben, dass ich gut angekommen bin.

Neben den Moorsoldaten habe ich noch zwei Lieder im Sinn, eines davon als spontane Eingebung in Angesicht meines ersten Enzians: „Ja, ja, so blau, blau, blau, blüht der Enzian ..." – ein Lieblingslied meiner Oma. Dicht gefolgt von „Hoch auf dem gelben Wagen", ebenfalls ein Lieblingslied meiner Oma. Beide Lieder habe ich heute mehrfach innerlich gesungen. Eigenartig, welch Gedanken- und Erinnerungsschnipsel sich in diesen wenigen Stunden bereits einstellen.

Meine wesentlichste Erkenntnis nach diesem zügigen Einstieg in die faszinierende Welt der Alpen:

Das Wichtigste im Leben können wir nicht festhalten. Und das Wichtigste im Leben ist nicht materieller Natur.

Die Liebe eines Menschen und das Geschenk, ihn oder sie auch lieben zu dürfen, überragt alles. Dazu kommen die Freundschaft, die familiäre Zugehörigkeit, persönliche Erkenntnisse auf dem Weg des persönlichen Wachstums sowie die Natur, die sich immer noch aufrechterhalt, obwohl wir Menschen ihr immer wieder so sehr zusetzen.

Mir ist nach Stille. Die Natur lädt mich ein. In einem Bildband über Berge und Hütten lese ich wieder von „Biwakschachteln", also schlichten Hüttchen oder Containern, die in der Bergwelt einfachen Unterschlupf bieten. Die werde ich suchen oder Plätze zum Zelten. So denke ich mir das jetzt hier.

Und nun, um 21.15 Uhr, wird die Schankstube leerer, neben mir sitzt noch ein Pärchen aus Neuseeland. Ich helfe ihnen beim Fotoshooting, um ihren gemeinsamen Moment auch bildlich einzufangen.

Jetzt stelle ich auch fest, dass ich mit den beiden Lehrern im Zimmer schlafe, die die Jugendlichen hier hoch geführt haben. Nun weiß ich, warum ich das freie Doppelbett im Zimmer habe. Für das Team aus Lehrerin und Lehrer ist das natürlich nichts, viel zu nah.

Zu spät, um noch die Ohrstöpsel herauszukramen, denn ich störe sowieso schon, da die beiden vor 22.00 Uhr schlafen. Meine Sachen sind auf der Betthälfte neben mir ausgebreitet, aber alles, was ich anfasse, raschelt irgendwie.

Ich habe (noch) keine Übung darin, mir in den Gemeinschaftsschlafräumen rechtzeitig die Dinge für die Nacht zu richten. Zumindest habe ich jetzt die Erkenntnis gewonnen, wie wichtig das ist.

Ich bin glücklich, denn vom Bett aus kann ich die Berge sehen.

21.49 Uhr – Schnell noch aus dem Zimmer geschlichen und geduscht. (Wer weiß, wann das Licht ausgeht. Die Stirnlampe habe ich jedenfalls dabei.)

21.54 Uhr – Schnarchen und gute Nacht

22.10 Uhr – Draußen unterm Fenster zieht noch ein wenig Zigarettenqualm vorbei.

### Anmerkung vorm Schlafengehen

Die Mitnahme von Haargel hat sich sowieso erledigt – ein Hilfsmittel, auf das ich sonst nie verzichte. Ich muss auch an dieser Stelle einen Einschub in mein Innenleben geben: meine Eitelkeit, was mein gestrubbeltes Haar angeht. Bei so viel Regen ist es nicht möglich, eine gewisse Strubbelstabilität zu wahren. Zudem wollte ich mir das Gewicht der Tube sparen.

### Nachtrag

Wann bin ich das letzte Mal schon gegen 22.00 Uhr eingeschlafen?

# Tag 2 – 27. Juni:
# Von der Tutzinger Hütte nach Hinterriß

Es ist mein zweiter Tag.

Hinter mir liegt die Nacht in der Tutzinger Hütte. Ich habe den Abend für mich am Tisch verbracht, aufgeschrieben, mir die Route angeschaut, habe nachgedacht, einen Text geschrieben für den Blog und Gedanken notiert, die mir durch den Kopf gingen. Ich war so müde, dass ich meine nigelnagelneuen Monatslinsen versaut habe. Als wären es Tageslinsen, hatte ich sie abends herausgenommen und weggeworfen (natürlich in meinen persönlichen, kompostierbaren Müllsack).

Erst heute Morgen habe ich den Fehler bemerkt. Nun bleibt mir nichts anderes übrig, als Tageslinsen zu tragen. Aber diese sind Testlinsen und sofort stelle ich fest, dass sie nicht wirklich gut sitzen. Das ist unangenehm, die linke scheuert. Mit Brille ist es mir unangenehm, damit mag ich nicht gerne laufen oder wandern. Ich habe dann das seltsame Gefühl, mir würde der Wind um die Augen herum fehlen. (Wieder eine komplett blödsinnige Ausrede für diesen Punkt auf meiner Eitelkeitsliste.)

Gestern Abend war um 22 Uhr Nachtruhe. Ich fand es sehr eigenartig, dass Punkt 22 Uhr das Licht zentral ausgemacht wurde. Wie gesagt, ich war in einem Zimmer mit einem Lehrer und einer Lehrerin untergebracht, die zu einer Gruppe Jugendlicher gehörten. Und Punkt 22 Uhr fing der Mann an zu schnarchen, was er fast die ganze Nacht durchhielt.

Ich hasse es, mit Ohrstöpseln zu schlafen. Das erinnert mich immer an meine Nachtdienste als Pflegekraft, wenn ich tagsüber notgedrungen Ohrstöpsel tragen musste, um Schlaf zu finden. Ich war ab 2 Uhr munter, weil ich einfach schon vier Stunden geschlafen hatte. Ich blieb ein bisschen auf, dachte nach über das Coaching-Buch, welches ich bis Oktober beim Verlag abgeben möchte, über die Eindrücke des Tages, über das Schnarchen, das lauter war als der Gebirgsbach draußen.

Start gegen 8 Uhr in der Tutzinger Hütte, ohne Frühstück. Denn das dort angebotene Frühstück war genau so, wie mein Freund Gert es mir erzählt hatte: Wurst, Käse, Marmelade, Kompott aus der Dose und pappiges Graubrot dazu. Das sprach mich gar nicht an. So verschob ich das Frühstück auf später, hatte ich doch genug Proviant dabei.

Zu meinem Schrecken ging es eine gute Dreiviertelstunde bergauf. Sofort wurde mir wieder bewusst, dass mein Rucksack zu schwer ist. Heute ganz früh am Morgen träumte ich im rhythmischen Schnarchen immer noch von einsamen Nächten im Zelt, auf Wiesen, an Bächen. Vermutlich schlägt hier die Pfadfinderin durch. Also hielt ich an der Idee fest, dass sich das Mitschleppen des Zeltes lohnt.

Mehrfach hatte mein Freund Gert erklärt, dass es sich nicht lohnt. Er hatte mir vorgerechnet, dass man in diesen drei Wochen bestenfalls vier oder fünf Nächte im Zelt schläft. Die ganze Zeit aber belasten die zusätzlichen Kilo von Zelt und Isomatte. Selbst die generellen Campingverbote in Deutschland, Österreich und Italien hatte ich als Argument weggewischt.

Heute allerdings begann ich im Laufe des Tages anders darüber zu denken. Der Rucksack ist einfach schwer, bergauf und bergab spüre ich die vielen Kilos.

Zudem sitzt mir einfach auch der gestrige Anstieg in den Knochen. Außerdem bin ich mir unsicher, welche Kleidungskombination die beste ist. Regenjacke an oder aus? Lange Hose, kurze Hose? Anfangsschwierigkeiten, denke ich bei mir.

Der Morgen ist jedoch von eindrucksvoller Natur geprägt. Wasserfälle, eine Weinbergschnecke, erste grandiose Ausblicke auf die Bergwelt. Ich bin guter Dinge und stiefele zufrieden den Weg, der bald darauf bergab geht, vor mich hin. Ich bin froh, wenn ich jetzt hier alleine sein kann. Es sind doch relativ viele Menschen unterwegs. Dabei ist u. a. ein nettes Frauenpaar, zumindest wirken die beiden sehr nett. (Was für ein Gedanke! Woran mache ich denn fest, dass sie nett sind? Auf jeden Fall lächeln sie herzlich, offen, gehen freundlich und vertraut miteinander um. Was denken die beiden wohl über mich?)

Nach dem Wanderführer zu urteilen, der in einer der Außentaschen ihrer Rucksäcke steckt, werde ich sie wohl noch öfter wiedertreffen. Aber die anderen Menschen, die sind mir gerade zu viel. Ich bin wohl noch sehr ungeübt. Es handelt sich dabei um eine Gruppe, die mal als Pulk, mal in 2er- oder 3er-Gruppen geht, die zwischendrin einen gerufenen Dialog („Schaut mal, hier ist wieder ein Salamander!" – „Ja.") über den meterlangen Abstand zwischen ihnen führt. Auch gestern Abend in der Hütte setzte ich sie, was den Lärm und die allgemeine Thermik angeht, gleich nach der Schulklasse auf Platz 2. Man könnte meinen, dass ich menschenscheu bin, doch das ist nur ein peripherer Zustand, der sicher bald verfliegt (hoffe ich jedenfalls).

Erst möchte ich noch in einen Trott kommen, mich finden, Routinen entwickeln, in mir und in mich lauschen. Diese Ruhe mit mir ist mir so kostbar. Diese „Wo kommst Du her?"- und „Was machst Du?"-Gespräche möchte ich nicht. Ich möchte genießen und den Gedanken und Impulsen nachgehen. Und ich möchte mit all diesen unterschiedlichen Menschen und Eindrücken zurechtkommen, denn sie werden mein Zuhause sein in den nächsten drei Wochen.

Sicher ändert sich das in den nächsten Tagen.

Ja, und die Gedanken, die mir durch den Kopf gehen, sind tatsächlich die großen Gedanken. Was brauchen Menschen, damit sie mit dieser Stille oder mit dieser mächtigen Natur zufrieden sein können? Warum machen wir unsere Welt kaputt? Warum leben wir überhaupt so, dass die Generationen nach uns kaum noch eine Chance haben, Idyllen wie diese hier kennenzulernen? Warum rauben wir unsere Welt aus? Warum lernen wir nicht wieder, mit weniger zufrieden zu sein? Dankbarer zu sein?

Die Tiere, die ich gestern gesehen habe, die hier oben leben, in dieser teilweise doch sehr kargen und doch sehr herausfordernden Situation, was Wetter und Mühe angeht, sind doch Lehrmeister darin, sich anzupassen an die Umgebung. Nicht etwa, dass sie die Umgebung an sich anpassen, so wie die Menschen es machen.

Die verworfenen Kontaktlinsen finde ich rückblickend interessant. Es ist eine Kleinigkeit, ein kleiner Fehler, ein unbedachter Moment von wenigen Sekunden(-bruchteilen), der Folgen hat, die ich ärgerlich finde. Ähnlich ist es, wenn man einmal an einem Wanderweg falsch abbiegt. Dies kann auch ein großer Fehler sein, siehe das Resultat des gestrigen Tages. Ist einmal der falsche Weg eingeschlagen, kann es fatale Folgen und Konsequenzen haben, wie z. B. eine Überforderung, eine unnötige Gefahr. Es können Sekundenbruchteile sein, die entscheiden.

Mittags komme ich nach Jachenau, ein beschaulicher kleiner Ort, schön gelegen, bilderbuchartig, Wiesen drumherum, kleine Plätze, ansehnliche, prächtige Gärten. Meine Nase vermittelt mir das Gefühl, er könne auch Jauchenau heißen, aber gut.

Ich habe schon einige Stunden Abstieg, eine Stunde Aufstieg hinter mir, und ein Problem wurde mir bewusst: In der Hütte morgens hatte ich meine Uhr nicht ausreichend aufgeladen. Ich trage eine Hightech-Uhr, die auch die Höhen misst, die Strecke, natürlich auch die Gehzeit und die Uhrzeit. Sie hatte nicht genügend Strom. Und auch mein iPhone, mein ständiger Begleiter, schwächelte, was den Strom anging.

So suche ich als Erstes den kleinen Dorfladen auf – nicht etwa mit Hunger im Bauch oder Durst auf einen Kaffee oder eine kalte Cola, nein. Meine erste Frage ist: „Wo gibt es WLAN, und wo kann ich mein Handy hier aufladen?"

Ein Luxusproblem, wie mir scheint. Ein echtes Luxusproblem und dennoch ist es mir wichtig, weil ich mit meinem Handy Fotos mache. Weil ich über mein Handy Nachrichten spreche. Weil ich über mein Handy schreibe. Es ist praktisch eine kleine Schreibmaschine, die ich mit mir führe.

Wenn ich mir also vorstelle, ich bin morgen Abend am Karwendelhaus, oben auf 1.300 Meter Höhe und alle, die dort sind, Wanderer und Radfahrer, wollen ihre Handys aufladen und alle ihre Hightech-Uhren. Was muss dort oben an Strom bereitgestellt werden! Welcher Irrsinn in dieser heutigen Zeit! Wo kommt der Strom her? Wie wird er hergestellt? Mit Solarmodulen? Oder wie kommt er sonst da hoch auf diese Hütte?

Eine eigenartige Frage, wie ich finde. Ich, die sehr deutlich gegen Atomkraftwerke ist, ich, die für Minimalismus und Genügsamkeit steht, wünscht sich oben auf einer Hütte Strom und Internet.

Das kleine Lebensmittelgeschäft mit regionalen Waren hat noch bis 12.30 Uhr auf. Dort gönne ich mir eine Laugenbrezel, einen Cappuccino und 15 Minuten Ladezeit fürs Handy.

Kurz darauf geht es wieder weiter, gemächlich aufwärts, doch schweißtreibend. Aber ruhig durch Wälder und meist auf bequemen Forstwegen. Ein gemächliches Dahinschlendern, welches zum Sinnieren einlädt.

Beim Wandern geschieht es ja, dass wir uns ab und zu eine Blase laufen. Ich habe erst noch überlegt, ob ich das Blasenpflaster vorher aufklebe, sodass es die gefährdete Stelle schützt. Oder kommt das Pflaster erst dann drauf, wenn die Blase schon da ist? Ich habe mich dann entschieden, prophylaktisch zu handeln und das Blasenpflaster vorher drauf zu machen. Und siehe da, genau in diesem Moment hört es auf zu scheuern. Das ist für mich eine Analogie, eine Metapher zum Leben. Denn wenn wir feststellen, dass etwas zwickt und drückt, dass uns etwas im Alltag schwerfällt, können wir weitermachen, bis wir wund sind, so wie ich weiter wandern könnte, bis die Stelle ganz wund ist. Das geht, klar – nur dann brauchen wir Zeit, um die entstandene Wunde zu versorgen, zu desinfizieren, vor allem um sie heilen zu lassen, um danach eine festere Haut zu haben. – Wenn wir ein Pflaster prophylaktisch aufkleben, schützen wir uns vor dem Druck von außen. Vielleicht ist es gut. Vielleicht braucht es genau dieses Pflaster für manche Zeit – auch im übertragenen Sinne.

Viele weitere Gedanken gehen mir durch den Kopf, zum Beispiel über das Unperfekte. Es gibt diesen Zustand von „Irgendwann ist es egal". Irgendwann tun dir auch die Beine weh. Da sind die Socken nass, da riechst du selbst nach Schweiß. An einem Tag wie gestern, da läuft einem das Wasser die Haare, das Gesicht und den Nacken entlang. Alles ist vollgeschwitzt und nass. Ich merkte, dass ich mein Taschentuch verloren hatte. Aber die Nase tropfte ganz fürchterlich. Doch ganz ehrlich – sie tropfte sowieso. Das Wasser lief ja an meinem Kopf herunter. Das geht nicht, wenn ich in Berlin die Kantstraße entlang gehe. Hier gab es keine Alternative. Außer den Schnecken, Schafen und Steinböcken hat das eh keiner gesehen. Und irgendwann ist es auch „egal".

Irgendwann ist jeder Aufstieg mühsam oder auch der Abstieg ist langatmig und zäh. Und dann ist es auch „egal", man macht es aber einfach. Es geht einfach weiter!

Das möchte ich weiter beleuchten, diesen Aspekt, wie sehr uns der Perfektionismus im Alltag im Wege ist, weil wir denken, es muss so oder so gemacht werden. Es dürfen keine Schwächen dabei sein. Es muss auch in gewisser Weise makellos sein. Allein eine tropfende Nase, hier stört sie nicht weiter. Es ist egal, ob deine Haare sitzen. Woanders stört das, hier nicht, weil es den anderen auch so geht.

Das Alleinesein beschäftigt mich sehr. Es war auch heute wieder mein Bemühen, alleine zu sein. Bis auf kurze Begegnungsmomente ging das gut. Dazu gab es für mich zwei zentrale Gedankengänge, die sich den Tag über immer wieder verfeinerten, wohl angeregt durch die aktuellen Hochzeiten in meinem Bekanntenkreis: Erst wenn wir alleine leben können, dann sind wir meines Erachtens reif für eine gute Beziehung. Wir haben dann den oder die andere „nicht nötig". Wir sind nicht darauf angewiesen, wir brauchen ihn oder sie nicht. Klar braucht es eine tiefe Verbindung, besonders wenn wir Kinder in die Welt setzen, Verlässlichkeit, gemeinsames Wachstum und noch anderes mehr.

Mir wird hier wieder einmal bewusst, wie wichtig es ist, dass wir zu geraden, aufrechten Menschen werden. Und das gelingt uns gut, wenn wir unsere eventuellen Mangelgefühle (für uns und das Leben) selber füllen, statt den Partner oder die Partnerin dafür zu „benutzen".

Aber allein sind wir eigentlich nie. Selbst hier draußen nicht; es ist die Natur, die uns alle als Wesen verbindet. Und dann gibt es immer Menschen, die zu uns gehören, deren Teil wir sind, die uns den Rücken freihalten, die für uns da sind. Das gilt privat und beruflich.

Mir wird heute intensiv bewusst, wie wichtig meine Familie ist, allen voran meine fast 19-jährige Tochter, meine Eltern, meine Geschwister, Nichten und Neffen, aber auch die ganz wichtigen Freunde, die mich selbst hier unterwegs im Herzen begleiten. Die sogenannte Wahlfamilie. Und natürlich meine Gefährtin Nicola, die mir jetzt drei Wochen den Rücken frei hält. Dabei wäre sie gerne mitgekommen. Um diesen Dank für sie „gebührend" zum Ausdruck zu bringen, will ich heute noch bis zur Oswaldhütte gehen (Oßwald heißt sie mit Nachnamen).

Zuvor kehre ich in Vorderriß zu einem verspäteten Mittagsmahl ein. Leckere, köstliche heimische Nudeln mit Gemüse, dazu Salat und eine große Cola. Die trinke ich höchst selten, heute ist aber so ein Cola-Moment.

Eine erholsame Pause, bis ich mich wieder auf den Weg mache, auf eine Landstraße, gemütlich neben einem breiten mäandernden Bachbett. Unendliche Steinwüsten, Wasser in wilden Bächen, darin kleine Inseln und Sand.

Irgendwann kann ich nicht mehr widerstehen und suche einen Weg hin auf eine dieser Stein-Sand-Inseln, um mich dort ein wenig zu sonnen und zu genießen. – Das war rückblickend einer der schönsten Momente dieses Tages, ja sogar der schönste! – Dort stelle ich auch fest, wie zufrieden und glücklich mich alleine schon dieser lange Wandertag macht. Ich bin voller Eindrücke, die ich aufschreibe, weil ich sie gerade hier noch sortieren kann. Sicher sind sie in ein paar Wochen verblasst.

Dann gehe ich ein Stückchen weiter, um kurz darauf noch einmal anzuhalten, zu schön ist es hier. Erneut komme ich ins Schwanken, was meine Ideen und Wünsche zum Übernachten draußen im Zelt angeht. Es scheint alles so optimal. Perfekt. Bis auf die Schilder, die überall stehen. Das Verbot ist klar, hier draußen darf nicht gezeltet werden und hinzu kommt: Auch der Aufenthalt am Bach kann gefährlich sein, da er schnell einmal über die Ufer treten kann.

Also reiße ich mich los und wandere fröhlich weiter Richtung Oswaldhütte, kurz vor der Grenze nach Österreich.

Nach wenigen Kilometern komme ich dort an und freue mich angesichts der schönen Lage auf einen sonnigen Abend auf der Terrasse. Allerdings bin ich dann doch schockiert, dass heute Ruhetag ist. Dies könnte als größter Flop des Tages ausgelegt werden. Ein wiesemähender Mann erklärt mir, es seien nur drei Kilometer bis zum nächsten Ort. Vielleicht will er mich trösten oder doch eher loswerden?

„Kein Problem", denke ich bei mir, „die schaffe ich jetzt auch noch", und mache mich auf den Weg. Allerdings ziehen sich die Kilometer, aus zwei wurden drei, aus drei dann sechs, und meine Hüfte beginnt zu schmerzen. Irgendwann, ich bin schon in Österreich, viele Kilometer liegen hinter mir und es ist fast 20 Uhr, halte ich den Daumen raus, um ein Auto anzuhalten. Diese Geste ist schnell von Erfolg gekrönt: Ich quetsche mich mit sieben Niederländern in ein Großraumtaxi. Köstliche Dialoge, nette Begegnungen.

Wenige Minuten später buche ich eines der letzten Zimmer im Hotel „Zur Post" in Hinterriß.

Dort angekommen, dusche ich, mache meine kleine Wäsche, hänge die Kleidungsstücke auf meinen ausgefahrenen Teleskop-Wanderstöcken im Zimmer auf.

Stundenlang genieße ich das Internet, chatte mit meinen Lieben, lege die Beine hoch und trinke ein köstliches Hefeweizenbier.

Auch an diesen Abend verbringe ich viel Zeit damit, Wanderführer und Karte zu studieren. Die nächsten Tage brauchen so etwas wie eine mentale Vorbereitung. Ich habe den Eindruck, jetzt geht es richtig los mit den Bergen. Die Birkkarspitze liegt vor mir und haucht mir schon jetzt Respekt und Ehrfurcht ein. Auch das Karwendelhaus sorgt schon im Vorhinein für Eindruck bei mir. Das erste große Matratzenlager steht also bevor.

So glücklich ich auch war, hier in diesem kleinen Hotel noch so spontan ein Zimmer bekommen zu haben, so sehr ahne ich nun auch, wie es gut sein könnte, für die kommenden Nächte Zimmer vorzubestellen.

Zudem entscheide ich mich wegen des schweren Gepäcks endgültig, das Zelt zurückzuschicken. Die Pfadfinderin in mir muss sich besänftigen, sieht sie doch ein, dass die Hütten wichtig sind, um die Menschen- und Wandererströme zu bündeln, damit sie nicht überall sind. Und eine warme Dusche am Abend tut dem Körper gut. Mal schauen, ob es beim Hotel „Zur Post" noch eine Post gibt.

Gute Nacht.

# Tag 3 – 28. Juni:
# Von Hinterriß zum Karwendelhaus

Nun geht es „richtig los", höher, karger, alpiner.

Nach einem leckeren, ausführlichen Frühstück im Hotel mit Blick auf die wunderschönen Berge freue ich mich auf diesen Tag und den Weg, der vor mir liegt. Ich habe die Nacht im Hotel in vollen Zügen genossen: Die kleine Wäsche, das zweimalige Duschen und die Ruhe im durchgelegenen Bett haben mir gut getan! Internet endlos! Das ist auch was wert.

Viele Nachrichten hatte ich erhalten und geschrieben. Irgendwie schafft das Internet Nähe und Verbindung. Und ein Päckchen ist abgeschickt, so bin ich fast 3 Kilo von Zelt und Isomatte los. Das Hotel zur Post macht also seinem Namen alle Ehre. Und am Berg wiegt jedes Kilo schwerer als sonst. Heute war also mein Rucksack, mein kleines Haus auf dem Rücken, leichter! Herrlich!!!

Nun geht es fleißig hoch zum Karwendelhaus, erst leichter und gemächlich, zum äußeren und inneren Schlendern einladend („Schlendern ist Luxus", sang schon Ulla Meinecke, deren Lieder mir heute mal laut, mal leise durch den Sinn gingen), später steil und herausfordernd.

Die Sonne am strahlend blauen Himmel ist mir heute eine gute Gefährtin. Ich danke ihr dafür. Was für eine Kraft, welchen Farbreichtum sie schafft.

Die Sonne hellt auch sofort mein Gemüt auf und so geht es leichter an den Berg heran, als es im Dauerregen – wie letzten Sonntag – wohl möglich gewesen wäre.

Ich kenne den Satz „Es gibt kein schlechtes Wetter, nur schlechte Kleidung." Ich hörte ihn bereits 1991 in Neuseeland, als ich dort mit Zelt und Rad unterwegs war. Und er gefällt mir nur bedingt. – Ich bin froh über meine gute Ausrüstung. Insbesondere meinen roten Regenponcho weiß ich zu schätzen, der luftig mich und meinen Rucksack einhüllt. Dennoch tut es gut, wenn es trocken ist, das merke ich heute ganz besonders.

Gestern bekam ich mit den Nachrichten über das Internet auch die vom Tode von Götz George und von Bud Spencer. Bei all der Schönheit und dem tiefen Glück des heutigen Tages gehen mir diese Nachrichten sehr nach. Bud Spencer hatte für mich nicht so einen hohen Stellenwert wie Götz George, haben mir doch – ganz ehrlich – die blauen Augen von Terence Hill weitaus mehr gefallen, als ich damals als verrückter Teenager die Filme sah! Doch möge er in Frieden ruhen.

Götz George war für mich ein grandioser Schauspieler, einer der ganz Großen, vielleicht sogar der Größte seiner Generation. Ein charmanter Haudegen, ein weichherziger Mann, der sich voll und ganz in die Rollen hineinlebte, sodass ich immer dachte: Er spielt sie nicht, er ist es. 100 % Präsenz und Authentizität.

In meinen Jahren im Theater Piccolo (das war damals in Hannover) bei Andreas Jarmusch haben wir uns mit dem sogenannten „Freispielen" beschäftigt. Sich freizuspielen heißt, sich von allen persönlichen Themen befreit zu haben (soweit das möglich ist). Sie holen uns nämlich immer ein, wenn wir uns z. B. in einen Charakter, eine Rolle hineinbegeben. Unsere extrem tiefen Bedürfnisse galoppieren (unbewusst) dazwischen und legen sich über den Charakter der einzunehmenden Rolle. Oder unsere persönlichen Befangenheiten erschweren den Zugang zu einem eher „dunklen" Charakter.

Dieses Freispielen, dieses Klären der eigenen Themen, als „must have" für Schauspieler, fand ich auch bei Susan Batson, der New Yorker Grand Dame der Schauspielkunst wieder, als ich sie letztes Jahr erlebte.

Götz George war nach meinem Verständnis komplett freigespielt. Deshalb war er auch so grandios in den dunklen Rollen. Dafür hatte er immer schon meine tiefe Bewunderung und diente mir als Vorbild dafür, dass es lohnt, die eigenen Schattenseiten anzunehmen, damit wir kompletter sind. Mit allem, was uns ausmacht.

Er gehört nun auch zu denen, von denen ich dachte, es wird sie immer geben, weil sie ewig leben. Aber wie so oft habe ich mich geirrt. Mir wird wieder einmal die eigene Endlichkeit bewusst. Vor kurzem starb ein guter Freund und mir sehr nahestehender Kollege. Die Welt macht um ihn kein Aufheben wie um Bud Spencer und Götz George. Dennoch ist er gestorben. Dennoch trauert seine Familie, und auch ich trauere um ihn.

*Seit gestern scheint es mir so,*
*dass mir die Verstorbenen*
*durch die Himmelsnähe hier näher sind.*
*Der Himmel ist weiter, sodass dadurch wohl auch*
*die Spiritualität näher ist.*

*Ich kann das nicht wirklich erklären,*
*aber das ist wohl auch nicht meine Aufgabe.*

Aber schon vor ein paar Jahren, als meine Mutter starb, war ich im Sommer in den Bergen. Und oft hatte ich, wenn ich sehr weit oben war, das Gefühl, dass sie „dort oben" ist. Das war sicher genährt durch die als Kind immer wieder gehörten Aussagen, dass „der Opa jetzt im Himmel" sei. Es ist nicht wirklich erklärbar, nur erlebe ich es so, dass ich in bestimmten Momenten, in denen ich mich „offen" fühle, Kontakt „zum Himmel", zu einer anderen Sphäre habe.

Auch durch die Überarbeitung eines meiner Demenz-Bücher bin ich mit dem Thema Sterben seit Tagen beschäftigt und auch mit Nicola im Gespräch. Auch sie hat viele sterbende Menschen betreut und meinte letztens: „Die meisten Menschen haben keine Angst vor dem Tod selbst, sie haben Angst vor dem langen Sterben, vor dem Dahin-Siechen." Ich stimme ihr zu, denn ich habe es ähnlich erlebt.

Wenn ich lese, dass Götz George nach kurzer Erkrankung gestorben ist, klingt das für mich gut. Es schien sich nicht lange hinzuziehen nach einem prallen, reichen Leben! Dann können wir auch gehen, denke ich mit meinen 53 Jahren. Wer weiß, was dann kommt. Wir können meiner Meinung nach gehen, wenn wir uns nichts haben zuschulden kommen lassen, wenn wir unsere Gaben und Talente genutzt haben, um sie der Welt zur Verfügung zu stellen, wenn wir verziehen und wiedergutgemacht haben. Wenn es nichts zu bereuen gibt.

Lange und immer wieder denke ich heute darüber nach, wie wertvoll die letzten Tage und Stunden sein können. Wie wertvoll aber auch das ganze Leben.

Letzte Nacht bekam ich von einer guten Freundin meiner Tochter, die ebenfalls so ein naturbegeisterter Mensch ist wie ich, eines ihrer Lieblingszitate zugeschickt:

„Ich ging in die Wälder, denn ich wollte wohlüberlegt leben; intensiv leben wollte ich. Das Mark des Lebens in mich aufsaugen, um alles auszurotten was nicht Leben war. Damit ich nicht in der Todesstunde inne würde, dass ich gar nicht gelebt hatte."

Neben der Freude, diesen gemeinsamen Lieblingsautor Henry David Thoreau zu haben, schien sie dieses Zitat passend für den heutigen Tag gewählt zu haben.

Wahrscheinlich bin ich deshalb hier, um das Leben mit all seiner Schönheit und den anderen Facetten wieder einmal mehr intensiv zu erfahren.

Ganz ehrlich, diese drei Tage, die ich jetzt bereits unterwegs bin, erscheinen mir schon wie zwei Wochen. Dies ist eine wesentliche Erfahrung zum Thema Zeitmanagement, die ich hier sogar noch eindrücklicher erlebe als beim mehrtägigen Paddeln.

Reich ist dieser dritte Tag, reich an Gedanken und Texten, aber auch reich an traumhafter Landschaft und einem entspannten Wandergefühl. Über Stunden werfe ich mich förmlich den Berg hinauf, anders kann ich dieses Gefühl, mich kraftvoll und vertrauensvoll dem Berg hinzugeben, nicht benennen. Es ist ein so urtümliches Gefühl. Die Eindrücke machen mich so reich. Wälder, Bäche, Kühe, Schafe, Vögel, Schmetterlinge und Schnecken. Alles scheint vollkommen. Ich sauge es auf. Nur unterbrochen durch kleine Pausen, bei denen ich die eingepackten Reste vom Frühstückstisch verschlemme. Die Klänge der Natur – das schönste Konzert, das es für mich gibt. Die Ohren weit aufgestellt, sodass alles schnell auf meiner inneren Festplatte gesichert werden kann.

Ich bin dankbar, dass ich heute oft auf Menschen treffe, die die Natur ebenso zart behandeln und köstlich genießen wie ich. Immer wieder begegne ich Wandernden, die sich am Bilderbuchbach niederlassen, die sich auf einer Lichtung sonnen, die ein paradiesisches Fleckchen für ein Picknick nutzen.

Während des leichten Bergaufgehens merke ich, dass die Berge nun höher, wuchtiger und imposanter wurden. Mein Respekt für morgen, wenn es gilt, die Birkkarspitze zu überschreiten, wächst. Dennoch bin ich unglaublich froh, hier zu sein und all das zu erleben, was ich gerade erlebe.

Ich schreibe viel, tippe Texte in mein Handy oder schreibe Stichworte, Sätze und Gedanken in das Notizbuch, welches vorne in der Fototasche vor meinem Buch steckt, mache Fotos und schlendere auf dem schönen Ahornboden. Eine Art große Weide oder Lichtung, mit vorbildlichen Ahornbäumen, Kühen, die nicht schöner sein könnten.

Dort treffe ich auch das erste Mal auf Marita, eine der anderen Frauen, die hier alleine auf dieser Route sind. Wir hatten uns vorher schon kurz gesehen, eher von weitem, doch jetzt treffen sich unsere Wege. Nun gehen wir, bis auf meine Schreib- und Fotounterbrechungen, zusammen bis zum Karwendelhaus hoch. Sie träumt von einem kühlen Bier, ich eher von einem süßen Apfelstrudel.

Der Empfang am Karwendelhaus war weitaus unspektakulärer als vorher erträumt. Ich hatte mich ja nun ganz bewusst auf das Getümmel hier eingelassen. Da schrecken mich auch die Schnarcher nicht, so dachte ich hier noch.

Doch dann wurde es ernst. Das Matratzenlager. Nun wurde mein „Alptraum" also wahr, denn es gab keine anderen Zimmer hier. „Schuhe aus, dann 3. Stock an der roten Linie", nahm ich die resoluten und sicher schon mehrfach an diesem Tag ausgesprochenen Worte der „Empfangsdame" hin.

Köstlich. Der Empfang war ein in der Küchentür befestigtes und heruntergeklapptes Brett, auf dem ihr Buch lag. Zum Einchecken wurden die Namen aufgeschrieben, dann noch ein kurzer Blick auf den Alpenvereinsausweis, zahlen und fertig.

Im Schuhraum angekommen, beschlich mich gleich die nächste Angst: „Was wäre, wenn meine Schuhe verwechselt werden? Mein Zuhause, mein Ein-und-Alles weg? Oh bitte das nicht!" In Anbetracht der mehr als hundert Schuhe, die hier standen, sicher nicht ganz unberechtigt, denn so groß ist die Auswahl bei Wanderschuhen dann doch nicht, irgendwie gleichen sie sich. So band ich meine also zusammen, freute mich an der profanen Einfachheit dieser – wie mir schien – genialen

Idee. Um diese Anti-Verwechslungskampagne noch abzuschließen, steckte ich nun noch die Wanderstöcke hinein. So könnte sie gewiss keiner verwechseln.

Gut, dann der Weg in den 3. Stock. Prinzipiell kein Problem, heute schon. Saßen mir doch die ersten drei Tage in den Beinen. Dann das Matratzenlager – mehr als 50 Matratzen auf engem Raum aneinander. Kaum Fenster, nur Lichtluken, die kaum Licht und kaum Luft hineinlassen. Keine Möglichkeit, persönliche Dinge oder Kleidungsstücke zu befestigen etc.

Ich fühlte mich wie beim Klassenausflug oder wie in der alten WG damals im Wohnprojekt, wenn alle sich einsam fühlten und dann spät abends die Matratzen aus den Betten nahmen, um zusammen im Wohnzimmer auf dem Boden zu schlafen. In gewisser Weise waren wir damals eine eingeschworene Gemeinschaft. Hier sind wir einander fremd.

Und da sind sie wieder, die Bilder von Hape Kerkeling in den Gemeinschaftsunterkünften seines persönlichen Jakobsweges, sie blitzen in mir auf. So ähnlich muss es ihm ergangen sein, als er nachts ins Hotel flüchtete. Leider gibt es hier keine solchen Alternativen.

Einige der Menschen, die ich nun schon seit Tagen immer wieder irgendwo treffe, stehen hier zusammen an den Matratzenlager-Reihen und schwatzen. So heißt es hier: München – Venedig ist gerade „in" für alleinreisende Frauen. Der Jakobsweg sei eher für die, die anbandeln wollen. Aha, also nichts für mich. Hier bin ich richtig.

Ich schnappe den Satz auf: „Kaum ist über einen Weg mal ein Buch geschrieben, ist dieser Wanderweg dann überlaufen". Das sitzt! Und es ist mir bewusst, dass da etwas dran ist. Ich verfolge den Run auf den Jakobsweg seit dem Buch von Paulo Coelho und „Ich bin dann mal weg" von eben besagtem Hape Kerkeling, mit dem ich ja gerne mal zusammensitzen möchte.

Und wenn es stimmt, dass die Strecke München – Venedig das neue Eldorado alleinreisender Frauen ist, dann stifte ich vielleicht mit diesem Buch hier über diese Tour die nächste Invasion an? Asche auf mein Haupt. Ich werde also schonungslos über das Für und Wider sprechen, beruhige ich mich leise lächelnd.

Bisher hatte ich so viel innere Ruhe vom Wandern, dass ich recht gelassen bin, was den Lärm hier angeht. Der steigert sich nun von Stunde zu Stunde. So ist die Schulklasse auch wieder da. Heute jedoch habe ich mehr Zeit und Muße, sie in Ruhe zu betrachten. Und freue mich über meinen nun weitaus differenzierteren Blick. Sie erinnern mich an meine Tochter: süß daherschlappende Teenager mit bunten Fleecesocken an den Füßen.

Drei davon treffe ich vor der Dusche, Schlange stehend. Da erfahre ich auch, dass das Warmduschen Geld kostet. Ich denke kurz nach. „Brauche ich wirklich eine warme Dusche? Ich war doch heute auch im Bachbett baden." Dann merke ich, dass ich mein Duschgel nicht dabei habe, also noch einmal drei Stockwerke hoch? Ich bin herrlich faul. Nein, ich frage lieber eines der Mädchen, ob sie mir eine walnussgroße Menge an Duschgel aus ihrer großen Flasche abgeben kann und hüpfe dann kurzerhand unter die erste freie Dusche, die in diesem Fall eine Männerdusche ist.

Ich freue mich an der Duschgelspende und daran, dass ich kalt duschen schon früher gelernt habe, z. B. in meinem Jahr im Wohnmobil. Sonst hätte ich hier sicher noch eine halbe Stunde auf dem dunklen Flur warten müssen, während draußen die herrliche Nachmittagssonne leuchtet.

Wieder hoch ins Matratzenlager, umziehen, Waschgel greifen. Schnell noch vier Wäschestücke waschen. Kurz nachdem alles eingeweicht ist, sehe ich den Verbotshinweis. Zu spät, aber wenigsten ist dieses Allround-Wasch- & Duschgel zu 100 % biologisch abbaubar.

Dieses abendliche Waschen der Wäsche wird wohl zur Tradition werden. Und was ist das für ein Luxus, Funktionskleidung zu haben, die fast so schnell trocknet wie sie gewaschen ist. Damit habe ich jeden Tag frische Wäsche. Zuhause ist es so einfach, da gibt es einen vollen Kleiderschrank, eine Waschmaschine. Hier gibt es zwei Unterhosen, zwei Unterhemden und zwei Paar Socken. Die anderen Wanderer sind ähnlich ausgestattet, so wird es aber auch in diversen Wanderführern und Internetportalen beschrieben.

Nun aber hinaus auf die Terrasse. Hier ist wieder alles voll, wieder die Schulklasse, einige spielen Musik vom Handy, eine Art illustres Getümmel, das sich hier inmitten der kargen Gebirgswelt ausbreitet. Der Mann mit dem Marathonhemd vom Sonntag trägt heute eine andere Version.

Ich setze mich draußen auf eine Bank und schreibe. Gerade als Marita dazukommen will, damit wir unsere Gespräche fortsetzen können, setzt die nächste Massenwanderung ein, dieses Mal zum Essen. Das wusste ich vorher auch nicht. Es wird nämlich zusammen gegessen, auf einen Schlag.

Mist, ich habe gar keinen Hunger. Aber immer so eine Sonderrolle ist auch nicht gut, also gehe ich mit hinein. Ich möchte ja auch mit Marita unsere ersten Gespräche weiterführen.

Es geht alles so schnell, alle Menschen, die auf dieser Hütte sind, finden sich in wenigen Minuten ein. Kantinengefühl pur, denn es sind viele Menschen hier. Neben der Schulklasse noch diverse Alpenvereine, die hier Treffen haben und sich in der Hütte lauthals austauschen. Einerseits schön, andererseits irritierend und in meinen – noch hüttenungewohnten Erfahrungen – skurril.

Ich denke noch, „jetzt sitzen Marita und ich zusammen", freue mich schon, doch plötzlich will eine andere Frau die Tische zusammenstellen. Sie ist Mittelpunkt der größeren Wandergemeinschaft, der ich seit Sonntagabend auf der Tutzinger Hütte immer wieder begegne. Das ist eine gute Idee, denke ich so bei mir. Eine zufrieden alleine sitzende Frau wird gefragt, ob die Tische zusammengerückt werden können, sie stimmt freundlich zu.

Ich richte mich darauf ein, gleich einen Platz neben Marita zu bekommen, aber es gibt einen entscheidenden Wendepunkt. Dieser Drehmoment ist so schnell, dass ich ihn gar nicht richtig mitbekomme. Denn nun lande ich neben der freundlich dreinblickenden Frau. Die Tische-rückende Frau wiederum sorgt unversehens dafür, dass wir doch nicht alle zusammensitzen, nur einige der Tische werden zusammengerückt. Ich habe innerhalb weniger Sekunden ein Katzentisch-Gefühl. Denn wir sitzen plötzlich nur zu zweit am Tisch, wohlgemerkt mit der freundlich dreinblickenden Frau, aber nicht mit Marita, neben der ich sitzen wollte. Es ging so schnell, dass ich es nicht mitbekommen habe.

Obwohl es vielleicht nur ein kleines Detail dieser Wanderbeschreibung ist, fällt es mir auf. Sicher erkenne ich später noch, warum es für mich solch eine Bedeutung hat.

Nun setzt sich noch ein Mann zu uns und wir sitzen zu dritt abseits der anderen. Die Marita sitzt, eingepfercht in die große Runde, am großen

Tisch. Alles ging so schnell, dass ich es gar nicht wirklich mitbekommen habe. Die beiden Menschen an meinem Tisch sind eher „maulfaul", nach ein paar Gesprächsversuchen gebe ich dann auch auf. Nun weiß ich gar nicht, was ich essen soll. Bestelle zu viel, das Falsche und weiß es fürs nächste Mal besser:

„Bleib lieber draußen sitzen,
hör dem Läuten des Kuhauftriebs zu
und lass das fette Essen abends."

Schließlich habe ich immer noch meinen Lieblingstofu dabei. Er darf hier heute im Kühlschrank übernachten und wird wohl morgen mein Mittagessen. (Die Geste, meinen Tofu mit in den großen Kühlschrank in der Küche zu nehmen, hat mich fast gewundert, aber sehr gefreut.)

Jetzt ist es zu spät, die Bestellung läuft. Ich esse also mein Gericht und gehe dann wieder nach draußen. Ich staune und werde nachdenklich, in wie wenigen Minuten ich meine Besonnenheit und Ruhe verloren habe. Eine gute Erfahrung, die ich unbedingt mitnehmen möchte: Wie schnell lassen wir uns durch die „Thermik" anderer Menschen aus unserem Tempo bringen oder sogar von unseren Vorhaben abbringen.

Nun sitze ich wieder draußen. Schreibe weiter, schaue auf die Berge, mache Fotos. Ich sitze am Tisch mit dem „freundlichen" Frauenduo, das mit Helmut aus Köln plaudert. Die beiden beenden ihre jährliche einwöchige Kolleginnen- und Freundinnen-Wandertour und geben ein Getränk nach dem anderen aus. Der Abend wird also lang. Es dauert auch gar nicht so lange, dass sich auch Marita dazu setzt. Klar freue ich mich darüber.

Später, mir scheint, dass es viele Stunden später ist und es kälter wird, gehen wir wieder in die Gaststube und es gesellen sich die nächsten dazu. Ich ertrinke quasi in Gesprächen, genieße sie aber auch, weil ich die Nacht in dem großen Lager noch so lange wie möglich aufschieben möchte, die aber bald kommen wird. Und ich genieße die Menschen mit all den verschiedenen Gesprächen, die sich immer wieder auf die Berge und das Wandern beziehen.

Der Schankraum wird gerade leerer, der Wirt ruft die letzte Runde aus. Noch eine Weile spreche ich mit Eric, einem der Schüler aus der Schulklasse, die seit Tagen mit auf derselben Route unterwegs ist. Er ist sehr weise und clever, setzt sich von den anderen ab. Er kennt sogar das Buch „Der Fänger im Roggen". Wir reden angeregt, doch irgendwann wirft der Wirt uns raus. „Das Sitzen im Schankraum ist nicht gewünscht!" heißt es, denn oben drüber schlafen Menschen.

Nun gut, dann breche ich auf in den dritten Stock. Das erste Mal seit Jahren ohne Zähneputzen ins Bett, dazu reicht die Zeit nicht mehr. In den oberen Gemächern empfängt mich lautes Schnarchen. So etwas habe ich noch nie erlebt.

Dabei erinnere ich mich an viele gemeinschaftliche Nächte in meiner Jugend, als Pfadfinderin, später an die Nächte auf dem Dachgarten unseres Wohnprojektes, an die drei Wochen auf einer Senioren-Freizeit, als ich mir mit mehreren Pflege-Kolleginnen ein Zimmer teilte. Auch die Gemeinschaftsunterkünfte in Neuseeland hatten es in sich. Ich erinnere blass die Jugendherberge in Dagarville. Oh je!

Und so fällt mir auch der Vater meiner Tochter ein, mit dem ich die neun Monate dort mit dem Rad unterwegs und insgesamt 14 Jahre zusammen war. Angesichts seines Schnarchens bekam ich manchmal kein Auge zu, zumindest wachte ich oft in der Nacht auf.

Wieder staune ich über die Erinnerungsschnipsel, die durch punktuelle Erlebnisse auf dieser Tour ausgelöst werden. Köstlich – mein Leben mit all seinen Erinnerungen gleicht einer ganzen Bibliothek mit vielen Abteilungen und Tausenden von Büchern.

Doch was ich hier erlebe, übertrifft alles Bisherige! Verschiedene Rhythmen und Töne, die Enge … an Schlaf ist nicht zu denken.

Auch die Ungewissheit des morgigen Tages holt mich ein, denn die Birkkarspitze ist noch voller Schnee, nicht wirklich begehbar. Zumindest nicht für solche Menschen wie mich, die eher unerfahren in schwierigen alpinen Situationen sind. Aber so wie ich es heute Abend hörte, wird keiner über die Birkkarspitze gehen. Da achtet der Hüttenwirt schon drauf. Das beruhigt mich sehr.

Der Tag war lang und voll, jetzt ist es meine innere Aufgabe, dass die eher unschönen Eindrücke des Abends diesen schönen Tag nicht überdecken. Er war reich, mit vielen Buch- und Schreibgedanken gefüllt, mit einer wunderschönen Badepause, mit Sinnieren bei den Kühen und voller Frieden mit mir.

Es heißt, die Hüttenstimmung gehört dazu. Die braucht bei mir noch – falls sie überhaupt eintritt. Ich versuche noch zu schreiben, doch irgendwann gebe ich auf. Dann holt mich auch der Schlaf ein.

## Erinnerung: „Schnarchen"

*Als ich im Winter 1990/1991 in Berlin jobbte, stand ich den ganzen Tag auf einem riesigen Baugerüst, welches sich um ein Haus am KuDamm rankte.*

*Ich hatte zwar meine Stelle als Altenpflegerin in Hannover, machte dort meinen Nachtdienst und war sehr engagiert, noch Jobs nebenbei machen zu können, um mein Budget zu vergrößern.*

*Schließlich gab es ein tolles Ziel: die Neuseelandreise. Aufbruch auf einen langen Trip. Alles, bis auf drei Kisten mit den allerpersönlichsten Dingen – so weit hatte ich mein Hab und Gut schon reduziert.*

*Für eine Weile in Berlin, die einzige Frau auf dieser Baustelle. Für fast drei Wochen stand ich draußen auf dem Gerüst und strich Fensterrahmen für Fensterrahmen an diesem riesigen Altbau.*

*Damit die Stunden ihren Lauf nahmen, hörten wir den ganzen Tag Radio. So verfolgte ich eine Sendung, die sich mit dem Thema Schnarchverhinderung beschäftigte. Die Hörer konnten dort anrufen und Tipps geben, wie sie individuelle Schnarchproblematiken gelöst hatten.*

*Besonders interessant und vor allem merkwürdig fand ich den Vorschlag einer Ehefrau, die ihrem Mann auf die Rückseite seines Schlafanzugoberteils große Knöpfe genäht hatte, so dass er so gut wie nie auf dem Rücken lag. Es wirkte, sodass sie weiterhin ein gemeinsames Schlafzimmer hatten, woran ihr nämlich viel lag.*

*Klar, dass mir die Erinnerung daran hier kam.*

# Tag 4 – 29. Juni:
# Vom Karwendelhaus zur Hallerangeralm

Hundemüde wache ich nach dieser Schnarchnacht auf. So etwas habe ich wirklich noch nicht erlebt. Im Prinzip war es eine Art nächtliches Konzert – denn trotz der Ohrstöpsel erreichten mich all die feinen Frequenzen im Ohr. Zudem war es einfach sehr fremd für mich, mit so vielen Menschen, ca. 35 bis 40, in einem Raum zu schlafen. Aber was klage ich! Auf welchem Niveau jammere ich denn? Was stehen Menschen durch, die auf der Flucht sind?

Aber dennoch – mir fiel das einfach noch schwer. Und es gab am Abend solch nette Gespräche und Begegnungen. Alles in allem war es einfach sehr urig!

Mein Abschied von dieser Hütte ist deshalb eher fluchtartig, um kurz vor 7 Uhr bin ich schon unterwegs. Bloß weg, denke ich bei mir. Die erste Stunde ist easy. Ich nutze meinen geliebten Morgenschwung und notiere viele meiner Gedanken. Doch dann entwickelt sich dieser Tag – trotz strahlend blauem Himmel und Sonnenschein – zu einem der Tage, die als schwer zu bezeichnen sind. Als hätten sie sich abgesprochen, schmerzt eine Blase nach der anderen, neue kommen hinzu. Scheinbar sind meine Wanderschuhe über Nacht auch noch schwerer geworden. Ein vierblättriges Kleeblatt hellt mein Gemüt ein wenig auf. Die Hüfte schmerzt, so etwas wie eine Zerrung, vermute ich. Jeder Schritt schmerzt. Au weia. Das war heute morgen noch nicht der Fall. Ich blicke zum Himmel und sehe die Flieger, die von Innsbruck aufsteigen. Und schwups, da ist er, der Gedanke an einen Abbruch der Tour. Das könnte so einfach sein. Das ist wahrscheinlich normal oder doch nicht? Mein Freund Gert, der diese Tour auch ging, erlebte ebenfalls einen „doofen 4. Tag". Die erste Euphorie ist weg, die Nacht hat mich vollkommen erschöpft und es gibt viele Unklarheiten für die nächsten Tage. Es liegt noch viel Schnee auf den hohen Gipfeln. Und dann kommt noch das Heimweh ähnlich unverhofft wie ein Mountainbiker um die Ecke. Heimweh, das ist ein seltenes Gefühl für mich. Vielleicht kommt es gerade jetzt, weil mir auf der Hütte jegliche Intimsphäre fehlt. Kein Rückzug, überall Menschen, Lärm. Erstaunlich, wie mich das beeinflusst. Ich bin über mich selber überrascht.

Nicht über das Handy erreichbar zu sein, macht vielleicht auch einen Teil meiner Stimmung aus. Vielleicht wäre ein Tag Pause gut. Ich habe morgen Nachmittag Zeit in Hall, treffe einen Freund dort. Danach muss ich mich entscheiden, welche Route ich nehme.

Aber wie komme ich aus dieser Stimmung heraus?

Der erste Versuch ist ein Lied. Erstaunlicherweise geht mir die Melodie zu „Drei Nüsse für Aschenbrödel" durch den Kopf. Einfach singen, das hilft. Es hört mich ja keiner, da kann ich einfach lustig vor mich hintönen. Vielleicht regt es die singenden Vögel an, noch abwechslungsreicher zu trällern.

Aber der Genuss am Singen stellt sich nicht so recht ein, wenn der Körper mit Schmerz reagiert.

Natürlich breche ich nicht ab! (Ich bin doch eine Messer! So motiviere ich mich.) Nur nehme ich ganz bewusst den ersten schwachen Moment auf dieser Tour wahr, der auch die äußere und innere Ermüdung einschließt oder von eben dieser Wanderung stammt. Kein Wunder – also weitergehen. Weitersingen. Mit den Wanderstöcken variieren, sodass das Klick-Klack immer wieder anders klingt. Wilde Erdbeeren aufsammeln und essen, meinen Lieblingstofu an einem wilden Bach essen. Mit den Augen die mächtigen Berge entlangschauen. Mich der Schönheit des Moments wieder öffnen, die brummigen Gedanken aus dem Kopf pusten. Die eigene Selbstwirksamkeit erfahren und nutzen. Ich bin meines Glückes Schmiedin.

Die gestrige Gedankenfülle und Leichtigkeit fehlt bisher – ich bin leergedacht und akzeptiere das. Humpelnd erreiche ich nach 19 Kilometern und vier Stunden Scharnitz, lasse mich in ein Café fallen, bestelle einen Cappuccino und eine ganze Flasche Wasser. Es gibt sogar Internet.

Ich genieße es, jetzt schon am Vormittag solch ein Stück Weg hinter mich gebracht zu haben. Jetzt verschnaufe ich aber erst einmal. Im Geiste strecke ich alle Viere von mir.

Nun geht es wohl mit dem Taxi weiter. Es ist nicht das, was ich will, aber ich möchte die Zerrung lieber ruhen lassen, um eine Verschlimmerung zu vermeiden.

Und während ich die letzten Schlucke Wasser trinke, kommen draußen zwei Bekannte vorbei. Wir nehmen schließlich das Taxi zusammen. Es ist heute für mich ganz besonders schön, Menschen, die dieselbe Tour gehen, immer wieder zu treffen. Und heute trifft Knie auf Hüfte. Denn die Frau hat starke Schmerzen im Knie. Die Taxifahrt führt uns durch das wunderschöne Isartal.

Wie gut, dass wir manche Dinge nicht vorher wissen, denn die nächste Überraschung wartet bereits auf mich. Blauäugig wie ich bin, beginne ich den frühen Nachmittag frohen Mutes. Ich hatte nämlich mit der Vorstellung gelebt, mit dem Taxi direkt bis zur Almhütte gebracht zu werden, in der ich mir ein Einzelzimmer bestellt hatte. Doch als wir aussteigen, erkenne ich, dass es nun noch zwei Stunden bergauf gehen wird. In meinem Hüft-Schleich-Tempo brauche ich fast 3,5 Stunden.

Obwohl ich schleppend und mühsam gehe, sauge ich jeden Meter dieser Bilderbuchlandschaft auf. Eingebettet in stetes Kuhgeläut gehe ich zur Alm hoch. Und endlich angekommen stelle ich fest, dass ich an einem der schönsten Plätze bin, an dem ich jemals war. Das Panorama verschlägt mir den Atem, es stehen Liegestühle auf einer Holzterrasse, sodass die Menschen, die sich seit Tagen abends zusammenfinden, heute Abend noch den Sonnenuntergang genießen können. Ich habe selten einen so schönen, spektakulären und zugleich friedlichen Platz erlebt. Die Hallerangeralm.

Es ist keine große Hütte, kein Menschen-Pulk und kein Lärm. Wir sind international, ein feines, kleines Völkergemisch. Insbesondere, weil es einen Niederländer zu integrieren gilt, der die – wie ich finde – aufregende Adlerroute wandert. Die Gespräche am Tisch wechseln zwischen Kaiserschmarren, Landkarten und Tourenabschnitten, Marathonfavoriten und sehr privaten Anliegen. Diese Menschen nehmen mich nun nach diesen vier Tagen endgültig ein für die „Spezies Wanderer".

Der Tag startete doof und endet wunderschön.

Was bin ich froh, mich auf den Weg gemacht zu haben!

Glücklich und erfüllt sinke ich später in mein Bett.

# Tag 5 – 30. Juni:
# Von der Hallerangeralm nach Hall

Selten habe ich so friedlich und ruhig geschlafen. Im zögerlichen Aufwachen reift meine gestern Abend entstandene Idee, hier oben auf der Hallerangeralm Schreib- und andere Klausuren durchzuführen. Hier oben ist eine eigene Welt, in der die andere Welt weit weg zu sein scheint.

Nach einer sehr herzlichen Verabschiedung der Wirtsleute „Alles Gute, Mädel, für deinen Weg", verabschiede ich mich auch von der Gruppe, mit der ich gestern Abend lange zusammengesessen habe.

In mir ist alles friedlich, leise, zufrieden und still. Bedächtig gehe ich die ersten Meter und denke über die Eindringlichkeit dieser Abgeschiedenheit nach. Es scheint hier „egal" zu sein, wo das nächste Bombenattentat seine Opfer schlagartig aus dem Leben reißt.

Natürlich ist es nicht egal, wenn so etwas passiert. Aber dies ist eine so andere Welt, dass ich mich frage, was davon hier ankommt?

Ich gehe weiter, teilweise mit weniger als 20 Metern Sicht, Schneefeldern, Kargheit. Überall finde ich Hinweise auf Bergsteiger, die hier durch einen Steinschlag oder ähnliches ums Leben kamen. – Mit jedem Meter wächst meine Ehrfurcht vor der Bergwelt. Und mit der Ehrfurcht wächst meine innere Demut.

Ich denke, wer Macht über andere Menschen ausübt, wer hohe Verantwortung für Menschen, Lebewesen und für unseren Planeten hat, wer Führer eines Volkes ist, der gehört hierher!

Hierher in die Berge, die uns Selbstverantwortung und Demut lehren. Derjenige sollte alleine in dieser Stille wandern, dabei an die eigenen Kraftgrenzen stoßen und sich auch der vielfältigen Gefahrenwelt und Schönheit der Berge aussetzen.

Vielleicht bringt das die Menschen dazu, andere Menschen nicht herabzusetzen, sie nicht zu foltern, quälen oder töten, sie nicht zu missbrauchen. Hier ist der Mensch, so wie ich es empfinde, der Allgegenwärtigkeit der Natur und einer Art von Göttlichkeit ausgeliefert. Dies sorgt vielleicht für einen höheren Respekt vor der Einzigartigkeit des Lebens.

Auf den nächsten Kilometern finden sich noch mehr Gedenksteine am Weg. Mir war diese Seite der Berge nicht in diesem Ausmaß bewusst. Kurz darauf erwischt mich binnen weniger Minuten ein heftiger Regen- und Hagelschauer mit einem Gewitter im Gepäck. In kürzester Zeit bin ich „regensicher verpackt", doch habe ich Angst: Wie verhält man sich am Berg, wenn es gewittert?

Ich mache mich so klein wie möglich, husche gleich nach den Blitzen über die offenen Schotterfelder und ducke mich dann wieder an die Büsche. Husche weiter, so gut es eben mit dem „Haus auf dem Rücken" geht. Irgendwann ist der Gewitterguss überstanden – unbeschadet und dankbar gehe ich weiter hinunter ins Tal, wo ich bald schon den schönen Ort Hall liegen sehe.

Wenig später gelange ich an eine Kapelle inmitten eines ehemaligen Bergbaugebietes, sie ehrt die heilige Barbara, Schutzpatronin der Bergleute. Ich freue mich sehr an der schönen Statue, aber ich staune auch hier, wie viele Menschen hier durch Unglücke und Bergrutsche aus dem Leben gerissen worden sind. Ich nehme mir Zeit, in dieser kleinen Kapelle zu danken, dass ich das Gewitter gut überstanden habe und es mir gesundheitlich gut geht. Und ich danke meiner Mutter für meinen Namen, den ich nämlich sehr gerne mag.

So gehen meine Gedanken zurück zu einem der Gespräche am gestrigen Abend. Susanne war eine Frau, die mir gleich am ersten Abend meiner Tour aufgefallen war. Freundlich, zäh, sportlich, dynamisch und immer in einen Kreis von Menschen eingebunden. Es war aber auch die Susanne, die am Vorabend für dieses eigenartige Tischerücken im Karwendelhaus verantwortlich war. An diesem gestrigen, für sie letzten Abend saßen wir nun zusammen und unterhielten uns tiefer, verließen dabei ab und an den Gesprächsfluss der Gruppe. Wir kamen irgendwann zu der Frage, warum ich Bücher schreibe und welche ich bisher geschrieben habe. Und natürlich kam ich so auf meine Vergangenheit als Altenpflegerin zu sprechen, aus der sich meine Dozententätigkeit ergeben hatte, sodass ich schließlich Trainerin wurde.

Und dann gab es diesen Moment, den ich immer wieder erlebe, wenn ich aus dieser bewegten Zeit in meinem Leben erzähle. Susanne beugt sich näher zu mir, senkt die Stimme und sagt: „Mein Mann hat MS (Multiple Sklerose)." Ich kann mir ihren Alltag als Paar gut vorstellen, sie haben sehr viel miteinander abzustimmen und auszubalancieren, damit die Liebe und Verbundenheit bleibt, aber auch beide ihren eigenen Bereich, ihre eigene Weiterentwicklung haben. Jetzt verstehe ich auch, warum sie sich nur „die eine Woche" abzweigen kann. Ich ziehe den Hut vor diesem Paar, ich kenne ja nun nur die Frau. Sie ist sportlich und naturverbunden, liebt die Berge und bereitet sich auf den ersten Marathon vor. Trotz zunehmender Einschränkung durch seine Erkrankung scheint es ihrem Mann zu gelingen, sie in ihrer eigenen und in ihrer sportlichen Welt zu lassen.

Ich bin beeindruckt und denke, dass es so wertvoll ist, in unseren wesentlichen Beziehungen immer wieder eine Art Update zu machen. Um die Beständigkeit frisch zu halten. Hier spreche ich für private und berufliche Beziehungen.

Mit solchen Gedanken zuckele ich am frühen Nachmittag in Hall ein, der Weg führt mich sogar bei einem meiner Kunden vorbei. Im Ort gönne ich mir ein köstliches Steak mit Salat, kaufe mir eine Großpackung Blasenpflaster und Ohrstöpsel, sodass ich für die drei kommenden Hüttennächte gewappnet bin.

Die Nacht werde ich – sonderbarerweise – in einem Tagungshotel verbringen, dort gab es noch ein freies Zimmer. Ein eigenartiges Gefühl, ein solches Hotel nicht anlässlich eines Trainings zu besuchen.

Abends besucht mich ein Freund und noch lange sitzen wir picknickend auf dem Balkon, mit Blick auf die Karwendel-Berge, die ich nun hinter mir habe. Dabei erfahre ich auch, dass es fast wöchentlich Nachrichten von verunglückten oder vermissten Bergsteigern und Wanderern gibt. Dies verstärkt meinen Gedanken, alle Machthaber dieser Welt alleine in die Berge schicken zu wollen. Sie sollen sich (noch mehr) der Kostbarkeit und Endlichkeit des Lebens bewusst werden.

*Der Abend macht mich zufrieden.*
*Ich weine fast vor Glück, so gut geht es mir.*

# Tag 6 – 1. Juli:
# Von Hall zur Glungezerhütte

Gerade beim Eintritt nach Hall gestern wurde mir wieder bewusst, wie still es in den Bergen ist und wie lärmig unsere Ortschaften und Städte sind. Denn schon am frühen Morgen hörte ich vom Hotelbett aus die Autos vorbeifahren.

Nun zieht es mich wieder in die Berge. Zu den anderen Wanderern und zu denen, die ebenfalls unterwegs sind. Ein nettes Volk.

Dennoch möchte ich das Hotel mit all seinen Annehmlichkeiten ausnutzen.

Die eine Sache ist, die getrocknete Wäsche von all den Trockungsplätzen im Zimmer aufzuheben und einzupacken. Die andere ist, das Frühstück vom ersten bis zum letzten Krümel auszukosten. Und dann geht es los! Voller Schwung starte ich in diesen Freitag, einen intensiven Wandertag. Gut 2000 Höhenmeter liegen vor mir. Ambitioniert, wie ich bin, lasse ich beide Seilbahnen aus, um die gesamte Strecke zu gehen.

Viele Stunden bei sonniger Bergstimmung, immer hinauf, durch Wiesen, Feldwege, Wälder und an Almen und Gärten vorbei. Und allmählich wird dieser 1. Juli zu einem Glückskleetag!

Seit ich mich erinnern kann, finde ich regelmäßig vierblättrige Kleeblätter. Es geschieht meist auf diese Weise, so auch heute: Ich gehe oder laufe irgendwo, halte an und „zack", da ist eines. Manches Mal ist es so, als werde ich zu diesem Kleeblatt „hingesteuert".

Es gibt Tage, da finde ich keines oder nur eines, aber auch Tage mit mehr als zehn Kleeblättern.

Heute waren es ungefähr acht oder neun. Ich nehme sie immer mit, um sie aufzubewahren und später zu verschenken.

Das Glück der Kleeblätter trägt mich lange Stunden, ich gehe mit dem rhythmischen Klick-klack meiner Wanderstöcke bergan, aber irgendwann meldet sich mein linkes Knie, meine Kräfte schwinden ganz allgemein. Im Nachhinein stellt sich das Auslassen beider Seilbahnen als Fehler heraus, denn die letzten zwei Stunden kämpfe ich mich nur noch mühsam durch.

Das liest sich hier vielleicht so einfach, aber ich bin wirklich groggy, stapfe erschöpft und verzagt durch kniehohe Schneefelder, frage mich, wie weit es noch ist.

Klick-klack-klick-klack … Ich komme so langsam voran, dass sich meine Ankunft erheblich verspätet und sich der Hüttenwirt sogar besorgt nach mir erkundigt.

Endlich angekommen, werde ich sehr warmherzig empfangen. Auf den Tischen stehen Namensschilder, sodass es gleich eine Zugehörigkeit gibt. Hier ist es warm, friedlich, sehr liebevoll und freundlich.

Gleich beim Einchecken gibt es einen Schnaps, der mir heute sehr willkommen ist.

Ich sitze mit zwei jungen Männern am Tisch, beide sind auf anderen Routen unterwegs. Alle drei sind wir erschöpft, müde und satt. Da reden wir wenig, und dennoch ist es ein feines Miteinander am Tisch. Die wohlige Atmosphäre, die der Hüttenwirt verbreitet, kommt wohlig an unserem Tisch an.

Wenig später tauche ich mit ein in die Wetter- und Lagebesprechung. Einige der Wanderer wollen – so wie ich – die Strecke über die sieben Tuxer Summits gehen, doch es ist für den morgigen Tag ab mittags schlechtes Wetter angesagt.

Erfreulich daher das Entgegenkommen des Wirtes, sehr früh zu frühstücken, um zeitig zu starten und vor dem zu erwartenden Gewitter über die sieben Gipfel zu kommen.

Mir wird geraten, dass ich gegen 5.30 Uhr als erste starten solle, dann könnte ich später eingeholt werden und sei nicht allein unterwegs. Darüber habe ich noch nachzudenken.

Hier werde ich mit den Konsequenzen des Alleine-Wanderns konfrontiert. Verantwortung übernehmen – gerade wenn es brenzlig wird.

Ich gönne mir noch einen kleinen Schluck Rotwein, um gut in den Schlaf zu kommen. Denke – hier aus der Ferne – an meine Lieben. Wie schön, von Menschen geliebt zu werden und sie zu lieben.

Später gehe ich hoch.

Das Schlaflager ist kleiner, heimeliger, aber auch stickiger und unruhiger als in anderen Hütten. Neben mir sind zwei freie Plätze, welch ein Segen. So habe ich – inmitten der vielen Menschen – ein wenig Geborgenheit. Ich breite meine persönliche Dinge aus und schaffe mir dadurch das Gefühl, auf einer Insel zu sein.

Irgendwann schlafe ich ein. Wälze mich viel herum, wache mehr, als dass ich schlafe.

Erstaunlich, wie viele Menschen nachts raus müssen. In mir sitzt die Unruhe für die bevorstehende, doch recht anspruchsvolle Wanderung. Das sind die Nächte, wo ich immer schon wach bin, bevor der Wecker klingelt.

## Über das Duschen

*In Anbetracht des kalten und windigen Waschraumes hier auf vielen hundert Metern Höhe, recht weit von der Zivilisation entfernt, denke ich über das Duschen nach.*

*Diese Hütte erhebt nicht den Anspruch eines 3-Sterne-Hotels, nein anders. Im Prinzip handelt es sich um ein 10000-Sterne-Hotel, denn hier schlafen die Gäste den Sternen nah.*

*Und das ist das Besondere: der Tausch des Luxus mit Dusche, Croissant und Aluminiumkapselkaffee gegen Einfachheit und Purismus höchster Güte.*

*Ja, ich habe den ganzen Tag geschwitzt, ich bin ja auch gut 2000 Höhenmeter zu Fuß aufgestiegen. Dennoch stinke ich nicht, sorry, rieche ich auch nicht. Mehr als drei Liter Flüssigkeit, ein steter Wind und eine gewisse innere Balance lassen mich wohlfühlen.*

*Alleine dadurch, dass ich so spät ankam und noch in „dünner" Wanderkleidung nach einem herrlichen Sommertag unverzüglich am Abendessen der Hüttenwirtschaft teilzunehmen hatte, war meine mehr und mehr einsetzende innerliche Kälte zu erklären. Diese sehnte sich nach dem Luxus einer mit warmem Wasser gefüllten Badewanne.*

Auch die angestrengten Muskeln würden vom warmen Wasser profitieren, welches in solch einem Zustand normalerweise sofortige Entspannung verspricht. Eine Badewanne auf einer Berghütte – das geht nicht in der Welt dieser Alpenwanderung. Aber eine Dusche, so redete ich es mir ein, sollte für mein Wohlbefinden gut sein und auch als Vorbereitung für den morgigen Tag dienen.

Mir war es bekannt, für eine Dusche auf den Hütten einen Geldbetrag zu entrichten, ahnte ich doch um die Mühen, hier oben in den Bergen warmes Wasser bereitzustellen.

Aber ich bekam ein deutliches „Nein" auf meine Frage nach der Dusche.

Damit hatte ich nicht gerechnet. Und ich hatte auch in der knappen, dennoch aussagekräftigen Hüttenbeschreibung nicht ausreichend nachgelesen, um hier wirklich gut informiert zu sein. Kleiner Fehler, große Folgen – wieder solch eine Situation.

Also keine Dusche. Erst war ich noch irritiert, da aber der Abend schon recht weit fortgeschritten war, widmete ich mich nun erst einmal dem Nächstliegenden, dem Einrichten meines kleinen Platzes auf dem Matratzenlager.

Kleidungswechsel, Schlafsack ausrollen, Stirnlampe bereitlegen, all die kleinen Dinge, die das Nachtlager ausmachen.

Und dann kam wieder der Gedanke an die Dusche hoch.

Neben der nun vor mir liegenden Ungemütlichkeit, im kalten, zugigen Waschraum mit ebenso kaltem Wasser eine Katzenwäsche vorzunehmen, erwischte mich eine neue Tragweite, was dieses Thema anging.

„Wer bin ich denn, dass ich jammere, nur weil ich einen Tag nicht duschen kann?" Wohlgemerkt mit Trinkwasser duschen, was für andere Menschen schon der reinste Luxus ist. Nämlich Wasser zum Trinken zu haben, aber nicht zum Duschen.

Sicher gibt es Menschen auf diesem Planeten, die noch nie in ihrem Leben geduscht haben, die auch keine Badewanne kennen. Ihre Lebenssituation lässt das nicht zu.

Und dann kenne ich Menschen, die zur Entspannung 15 Minuten oder noch länger duschen! Da laufen mal eben ein paar hundert Liter Wasser durch den Abfluss. Oder Menschen, die ein paar Mal am Tag duschen. Einfach so.

*In meinem Wohnmobiljahr habe ich gelernt, mit drei bis vier Litern Wasser je Duschgang auszukommen. Eine tolle Erfahrung.*

*Alleine dadurch bin ich schon kritischer geworden.*

*Aber hier, so ganz ohne. Da muss ich mich schon einen Moment lang überwinden.*

*Aber es geht – besser als gedacht. Denn wie so oft wird eine befürchtet negative Situation dann doch gut. Später stehe ich neben einer – ich sage mal ehrfurchtsvoll – Urgestein-Wanderin von sicher 65 Jahren, wir beide mit Waschlappen ausgerüstet, leicht schlotternd, aber lachend am Waschbecken. „Wenn ich mich abends nicht wasche, kann ich nicht schlafen", sagt sie. Und ich weiß, was sie meint. Wie oft haben ich mich schon abends, zumindest punktuell, an Bachläufen oder Seen gewaschen, meist, wenn ich mit Rad oder Boot und Zelt in freier Natur unterwegs war. Ein urtümliches, ehrliches Gefühl. Die erforderliche Überwindung wird durch Frische und ein gutes körperliches Gefühl ausgeglichen.*

*Und so beende ich dann auch diesen Abend auf der Glungezerhütte ohne Dusche.*

# Tag 7 – 2. Juli:
# Von der Glungezerhütte nach Hall

Wie vereinbart stehe ich um 5 Uhr auf, höre, dass es nieselt. Schnell ist klar für mich, dass ich die anspruchsvolle Tour nicht gehen werde. Ich habe die Warnungen meines Freundes Gert noch im Ohr, der gesagt hatte, dass die Steine bei Feuchtigkeit rutschig sind. Und für mich gibt es ja immer den entscheidendsten Faktor, nämlich, dass ich Mutter bin. Das ist das Wichtigste in meinem Leben, also gehe ich kein unnötiges Risiko ein, auch wenn meine Tochter schon groß ist. Nun ja, wann sind Kinder groß? Aber ich möchte nicht durch einen kleinen Fehltritt, ein Ausrutschen, ein Risiko eingehen. Das ist nicht die Zielsetzung dieser Tour.

Erst mag ich nicht frühstücken und tue es dann doch, obwohl ich um diese Zeit noch keinen Hunger habe. Die Tische sind so liebevoll gedeckt, alles ist heimelig, sodass ich auch noch von dieser Gemütlichkeit zehren möchte. Und wo sollte ich so früh auch hin?

Ich schwanke, was soll ich tun? Bleibe ich über den Tag und die kommende Nacht, um dann morgen diese anspruchsvolle, aber wohl auch wunderschöne Strecke zu gehen? Gehe ich zurück ins Tal, oder gibt es einen Kompromiss? Mir fehlt ein Rat, mir fehlt die Klarheit, um die möglichen Varianten abzuwägen.

Eines wird mir dann doch recht schnell klar: Auf der Hütte will ich nicht noch einen Tag bleiben – es ist mir hier zu eng, zu stickig, zu voll. Dennoch herzlich und eindrucksvoll. Aber irgendwie gelingt es mir nicht, mich hier wirklich einzufinden, ruhig und heimisch zu werden. Wohl weil es zu wenig privaten Raum, zu wenig Geborgenheit gibt.

Es ist wieder einer der Momente, in denen ich mir Hape Kerkeling an die Seite gewünscht hätte. Er hätte mich vielleicht sofort in ein Wellnesshotel entführt. Obwohl ich länger nach ihm Ausschau gehalten hatte, kam er nicht. So war ich doch auf mich gestellt. Den Humor oder die Ironie an die Seite legend kommen mir die Tränen. Die Nacht mit einer Rückenverspannung, der erschöpfte Körper, die alles durchdringende Müdigkeit zerrten an mir.

Immer wieder holte mich in der nächsten Stunde ein inneres Hin und Her ein.

Im Nachblick ist mir klar, dass ich mich da oben nicht wirklich mit der Erde verbunden fühlte. Die Hütte wirkte auf mich wie eine spacige Raumstation. Die Schneefelder, die punktuell im Geröll auftauchten, und die Höhe von über 2600 Metern sorgten dafür, dass ich als norddeutsches Landei ein unwirkliches Gefühl hatte. Und ich hatte mich gestern definitiv übernommen – so etwas rächt sich.

Um mehr Optionen zu haben, mache ich mich auf den Weg hinunter. Halte an, zweifele, gehe weiter. Andere Wandernde sprechen mich immer wieder an – ich muss wohl nach außen hin recht seltsam aussehen, das Hin und Her und auch das Zögern ist schon von weitem zu erkennen. Ich frage andere Wanderer nach möglichen Optionen und stelle – Netz sei Dank – Kontakt zu drei Menschen her, die für mich hier eine große Bedeutung haben: zu meiner Gefährtin, also meiner „Basisstation", dann zu meinem Freund in Hall, den ich gestern Abend noch gesehen habe und zu der wandernden Marita, von der ich weiß, dass sie in der Nähe ist. Erstaunlich, wie bewusst mir das wird, dass diese Vertrautheit und Nähe jetzt so wichtig sind. Weitaus mehr als sonst! Da gehen dieses Bedürfnis und dessen Erfüllung sonst viel zu schnell im Alltag und im Trubel unter.

Mehr und mehr werden aber – auch durch die Telefonate und Nachrichten – die Optionen konkreter, allein schon dadurch, dass ich sie mit den drei Personen abwägen und besprechen kann.

Als wüsste es, dass ich mich freue, gesellt sich ein emsiges, süßes Murmeltier ganz in meine Nähe. Was für ein besonders schöner Moment bei diesem fürchterlichen Tageseinstieg. Ich nehme diesen kleinen Moment als Chance zum Innehalten, ich setze mich, mache ein paar Fotos, freue mich an dem Anblick dieses putzigen, kleinen Tieres.

Nach einer weiteren Stunde komme ich an eine Hütte, eingerahmt in Almwiesen mit Kühen und mit einem wunderschönen Ausblick. „Halt erst einmal an und iss etwas", so rate ich es ja in meinem Krisenbuch.

Also halte ich an, trinke einen Cappuccino, statt zu essen und sauge Eindrücke in mich auf, um wieder aus mir heraus schauen zu können. Das eigene Dilemma kleiner werden zu lassen. Und auch, um innezuhalten, anzuhalten. Das war mir im Trubel der Hütte oben nicht möglich – es war das Reich des Hüttenwirtes – aber kein Ort, um mich zu orientieren und Ruhe zu bekommen.

Nach dieser Pause gehe ich gestärkt zurück, bergabwärts zur Glungezer Bergbahn. Einen Moment wäge ich nochmals ab, ob ich nicht doch zu Fuß hinunter gehe, der Ehre willen, doch dann fahre ich zurück ins Tal hinunter nach Hall. Zum Glück gibt es ein ruhiges Zimmer in einem Gasthof. Ausruhen, ausruhen! Und so liege ich schon am frühen Nachmittag in einem sauberen Bett, höre dem Plätschern des Baches zu und ruhe aus. Später gehe ich bei strömendem Regen zu einem Supermarkt, kaufe mir Smoothies, Proviant für die nächsten Tage und ein paar Leckereien für den Abend. Diesen verbringe ich dann gemütlich im Bett, schaue einen Spielfilm an, dessen Namen ich kurz darauf schon nicht mehr weiß, und schlafe ungewöhnlich früh ein! Tief schlafend wie ein Stein verbringe ich diese Nacht.

## Fazit dieses Tages:

Es ist leicht, stark zu sein, gut anzukommen, Erfolge und Leistungen zu verbuchen.

Positive Markierungen auf dem Lebensweg sind fein anzuschauen, gesetzte Ziele zu erreichen stimuliert positiv und motiviert.

Weitaus schwerer ist es, zu scheitern, das Schwache in sich zuzulassen. Dabei erleben wir die Fallhöhe, den Sturz, das Schwinden, die Verzweiflung, Erschöpfung oder ähnliches, die mögliche Einsamkeit als Folge. Scheitern ist nicht wirklich en vogue, die Menschen gehen gerne darüber hinweg. Und ganz ehrlich, im trubeligen Alltag ist es leicht, darüber hinwegzugehen. Einfach Musik anmachen, chatten, shoppen, fernsehen, das nächste Projekt planen.

Lassen wir jedoch die Schwäche zu, ist das oft schmerzhaft, weil ungewohnt, weil auch negativ belegt, oder zumindest negativ interpretiert.

Doch im Wahrnehmen der eigenen Fallhöhe, im Erkennen des wahren Ausmaßes der Schwäche können wir zugleich auch erkennen, wie groß der unbekannte Raum zwischen den beiden Aspekten ist, die uns bekannt sind. (Kennen Sie die U-Bahn in New York? Da heißt es „Mind the Gap". Achten Sie auf den unbekannten Bereich zwischen U-Bahn und Bahnsteig.) Wir sehen den Ausgangspunkt, und wir sehen den Endpunkt. Der Raum dazwischen wird durch das bewusste, aufmerksame Scheitern sichtbar. Dies sind in meinen Augen wichtige Parameter für die eigene Größe.

Und wenn wir uns – gerade in diesen schwachen (oder auch einsamen und verzweifelten) Momenten im Spiegel anschauen können, sehen wir uns wirklich. Ohne Maskerade und Kosmetik und wirklich wunderschön.

Sind wir im oder nach dem Scheitern mit Schuldgefühlen belastet, sind oft Macht und Gewalt im Spiel. Letztendlich gibt es Schuld nicht wirklich. Wir sind nicht schuld. Wir haben vielleicht einen Fehler gemacht, etwas falsch eingeschätzt, wir wissen vielleicht noch nicht, wie wir es wiedergutmachen können. Haben wir nicht richtig funktioniert? Oder gestehen wir uns beim Scheitern ein, dass alles in Verbindung, in Liebe ist? Von Schuld sprechen wir Menschen schnell, wenn Bewertungen zugrunde liegen.

*Verzeihen ist das eine.*

*Sich entschuldigen folgt aus dem Bedürfnis, frei von Schuld zu sein.*

*Beim Scheitern, von dem ich hier spreche, brauche ich nur mich um Verzeihung zu bitten.*

*Und in Bezug auf mich spreche ich hier von der Liebe zu mir selber.*

# Tag 8 – 3. Juli:
# Von Hall zur Lizumer Hütte

Es weckt mich, statt eines Weckers um 5 oder 6 Uhr früh, das Glockengeläut des Haller Kirchturms. Erholt und ausgeschlafen genieße ich das gemütliche Bett, wohl wissend, dass es morgen wieder anders sein wird.

Die gestrige Einkehr und Ruhe haben mir gut getan. Es liegt wieder ein Weg vor mir, den ich mit meinen Füßen laufen kann. Ich werde außen um die gefährlichen Gipfel herum zur Lizumer Hütte gehen. Das Ergebnis des gestrigen Fußballspiels (ich entschied mich ja für einen Spielfilm, dessen Titel ich in all der Entspannung gleich wieder vergessen hatte) erhellt mein Gemüt noch mehr (Deutschland steht im EM-Halbfinale), und die unterschiedlichsten Routenvorschläge unterschiedlichster Wanderer bringen mich beim Frühstück nur kurz durcheinander. Nach kurzem Besinnen bestärken sie meinen Wunsch, die geplante Route zu gehen.

Also alles wieder in den vertrauten, aber auch mit den ersten Schrammen und Gebrauchsspuren ausgestatteten Rucksack gepackt, eine Stulle geschmiert und ein Ei vom Frühstück gemopst.

Mein Anspruch, diese Gesamtstrecke zu Fuß zu gehen, ist weitgehend erfüllt. Ich rechne mir vor, dass ich vorgestern einmal zur Glungezer Hütte hinauf und gestern zurück bis zur Seilbahn gelaufen bin. Ich habe „etwas gut", sodass ich getrost zwei Orte weiter mit dem Bus fahren kann, um direkt in das Tal einzusteigen, welches ich dann hinaufgehen möchte. So denke ich bei mir.

Ich habe also Zeit, sitze an der Bushaltestelle, schaue dem schnellen Treiben des Radrennens zu, welches um mich herum immer aufregender und voller wird. Polizeieskorten, Radler, Zuschauermengen – alles kommt hier zusammen. Aber irgendwie ist das nicht meines. Ich habe mein Sinn woanders, schaue immer wieder auf den kleinen Plan mit den Abfahrtszeiten, kein Bus kommt, die Straße ist voll mit den Radlern. Da spricht mich eine Einheimische auf den Rucksack und auf meine Tour an. (Das fand ich übrigens sehr nett. Wann tun wir das schon? Einfach mal so einen fremden, unbekannten Menschen anzusprechen?) Und dann, als ich ihr erzählte, aus welcher Gegend ich stamme, wo ich geboren und aufgewachsen bin, schwärmt sie von Norddeutschland! Sie sei Theodor-Storm-Fan und habe unbedingt einmal nach Husum gewollt. Und letztens sei sie dann endlich da gewesen.

Ihre vor mir ausgebreiteten Erinnerungen vertreiben mir die beginnenden Sorgen über den Bus, der nicht kommt. – Worpswede mit den Bildern von Paula Modersson-Becker taucht auf, und die schöne Ostsee ... Und endlich kommt der Bus! Ich freue mich, dass die Frau mit einsteigt und noch mehr, als sie sogar in Wattens, wo meine heutige Route beginnt, mit aussteigt. „Wie liebevoll!", dachte ich, als sie mir noch die Straßenecke zeigte, die der Beginn des Aufstieges zur Lizumer Hütte ist.

Kaum bin ich die ersten Meter gegangen, halte ich inne. Wie bereue ich, dieser herzlichen Frau keines meiner vierblättrigen Kleeblätter geschenkt zu haben! Sie war so hilfsbereit, so freundlich, ohne dabei aufdringlich zu sein.

„Mist, das ist jetzt zu spät!", gestehe ich mir ein. Wie schade. Und wieder einmal denke ich darüber nach, warum wir nicht immer diesen Impulsen folgen. Ist es Scham, uns lächerlich zu machen? Oder die Sorge, einem Menschen so plötzlich nahe zu treten, womöglich einen Korb einzufangen, eine Abweisung?

Ich glaube im Nachhinein, dass ich Sorge hatte, peinlich zu sein. Ich ziehe meine Lehre daraus, das nächste Mal noch ein wenig mehr meinem Herzen und meiner Intuition zu folgen.

Und blitzartig befällt mich dieses bekannte Gefühl wieder, eine Erinnerung taucht auf. Es ist noch gar nicht lange her, damals allerdings habe ich gerade noch die „Biege" bekommen. Das war in diesem Frühjahr in Shanghai, anlässlich eines internationalen Trainings.

### Erinnerung

*Einen solchen Augenblick wie damals gibt es sicher selten. Noch immer steigen mir Tränen in die Augen, muss ich schlucken, wenn ich zurückdenke. Ich war abends zu Fuß in Shanghai unterwegs, als mich* ein „Nebenbei-Blick" an einer Straßenecke erwischte. Es mag kaum einen Kilometer abseits der Glanz- und Glimmerwelt der aufstrebenden Metropole gewesen sein. Vor den verschlossenen Scheiben eines leerstehenden Geschäftes sah ich zwei unscheinbare Gestalten. Ehrlich gesagt, zuerst sah ich nur einen alten Mann. Eigentlich nichts Besonderes, denn Obdachlose sind wir ja leider „gewohnt".

Während ich auf die grüne Ampel wartete, musste ich aber immer wieder schauen. Und dann sah ich etwas, was mich minutenlang sprachlos machte. Ein Junge, dort kauerte ein Junge. Er saß auf dem Schoß seines Großvaters und genoss sichtlich ein Fußbad. Ob dieses Bad säubernd war, wage ich in Anbetracht der Wasserfarbe zu bezweifeln. Der alte Mann badete die Füße und Beine dieses vier oder fünf Jahre alten Jungen in einer Schüssel, mitten auf dem Gehweg.

Neben dieser Waschzeremonie erhaschte ich einen Blick auf ein im Dunkel liegendes dreckiges Matratzenlager. Meine Betroffenheit saugte mir den Speichel aus dem Mund. Denken konnte ich nicht. Ich fühlte einen Schmerz, für den ich keinen Namen hatte. Aber ich wusste nicht, was ich tun sollte. Perplex ging ich einfach weiter und konnte keinen wirklich guten Gedanken fassen. Zurückgehen und Geld hinlegen? Das war mir unmöglich, denn ich schämte mich bereits vor mir selber, dass ich das nicht gleich getan hatte. Also ging ich weiter.

Allerdings fand ich keinen Gefallen mehr an meinem abendlichen Ausflug. Ich war tief verunsichert. Wie lange leben die beiden schon so? Weiß der Junge, was eine grüne Wiese mit Schmetterlingen oder was eine Schulbank ist? Wie leben die beiden? Wie verbringen sie ihre Tage? Wo können sie sich erleichtern, wenn sie müssen?

All solche Fragen stürmten auf mich ein und sorgten dafür, dass ich doch umschwenkte. Ich wollte mir heute Abend, wenn ich das riesengroße Hotelzimmer mit den 4 Sternen betrete, noch in die Augen schauen können. Und ich konnte nicht nicht helfen. Das ist wider meine Natur. So ging ich in eines der kleinen Geschäfte, die noch geöffnet waren, kaufte Brot und Milch, an einem Straßenstand ein paar Bananen und zog zurück in Richtung der besagten Straßenkreuzung. In diesen vagen 15 Minuten hatte sich das Bild gewandelt. Der alte Mann beugte sich gerade über den Jungen, der in Decken gekuschelt recht schlaffertig aussah. Ich nahm all meinen Mut zusammen, kniete mich hinunter und brachte dennoch ein Ni Hao hervor. Es kam mir vor wie ein Anklopfen. Der alte Mann drehte sich zu mir und wir sahen uns tief in die Augen.

*Der Kloß in meinem Hals löste sich in ein vorsichtiges Lächeln auf. Der alte Mann sah mich aus tiefen Augen an, die voller Leben und Kraft waren. Klar, von Falten umgeben, aber voller Liebe.*

*Bei jeder Erinnerung daran bin ich immer wieder verzaubert von der Fürsorge, die er mit jeder Bewegung seines alten Körpers ausdrückte. Wir schauten uns an, Sekunden, in denen die Zeit still stand. Dann zog er den kleinen Kerl ein wenig hoch, sodass er mich sehen konnte. Nun gab ich ihm die Tüte mit dem Essen und der Milch und legte noch ein paar Scheine in die mit kleinen Münzen übersäte Blechschüssel. Der alte Mann lächelte noch mehr. Eigentlich strahlte er. Ich lächelte zurück und mutete ihm dann noch die Tränen in meinen Augen zu.*

*Diese Intensität der Begegnung hielt ich nur noch einen Moment aus. So stand ich auf, ging zur Ampel, blickte mich aber immer wieder um und zum guten Schluss winkten wir uns noch einmal zu. Während ich weinte, ging ich einfach weiter. Ziellos. Bis ich mich dann auf den Rückweg machte. Das Gesicht dieses alten Mannes, welches so offen war, so herzlich, so ehrlich, werde ich ebenso wenig vergessen wie meinen ersten Eindruck dieser unverhofften Straßenszene, die voller Fürsorge war. Ein alter Mann, der auf dem Boden einer Straßenecke mit seinem Enkel wohnt und ihm zum Abend hin die Füße in einer blechernen Schüssel wäscht.*

*In all der Armut und Einfachheit sah ich so viel Liebe und Fürsorge.*

Wie ungerecht unser Wohlstand und unsere Finanzen verteilt sind. Ich bin zutiefst dankbar für diesen Moment, zeigte er mir doch wieder einmal die Kostbarkeit des Lebens. Und ich bin sehr froh, dass ich damals den Mut hatte, zu den beiden zurückzukehren.

Mit der Erinnerung an diese schwere, intensive Begegnung, die von Liebe erzählt, aber auch von der Ohnmacht und Ungerechtigkeit, starte ich meinen langen Weg. Über gut 20 Kilometer ist er genauso, wie ich es liebe, durch die vielen Vegetationszonen, üppigen Gärten voller Blumen und Obst, Wälder in allen Facetten, die ein Grün so hergeben kann. Dann die dünneren Wälder, die allmählich den Weiden und Wiesen mehr Raum geben, die dann überhand gewinnen. Blumen, Blüten aller Art. Kühe, die sich auf den Wiesen laben.

Schön, und so wunderbar unspektakulär, dass Gemüt und Augen schwelgen können. Ein Zustand, den ich hier beim Wandern noch einmal ganz neu für mich entdeckt habe.

Hoch geht es, Schritt für Schritt, Stock für Stock, Atemzug für Atemzug. Für mich ist es ein feines Gefühl, sich den ganzen Tag dem Berg anzuvertrauen – sich sozusagen anzulehnen, ihn aber auch mit den eigenen Kräften zu bezwingen.

Irgendwo gab es eine kleine Unaufmerksamkeit, und plötzlich habe ich mir einen Umweg von etwa einer Stunde aufgebrummt, die sich zum Ende hin zieht.

Das ist eines der größten Erkenntnisse aus den letzten drei Tagen: Beim Wandern tragen wir die Verantwortung für uns, und das ist spürbar, vor allem, weil wir vieles nicht gleich wiedergutmachen können.

- Zuviel Gepäck – muss aber auch wieder hinunter getragen werden.

- Überanstrengung – schleppt sich in die anderen Tage und Touren weiter. Der Körper meldet sich deutlich!

- Falsche Ausrüstung – kann fatal werden.

- Eine kleine Wegmarkierung nicht gesehen – falscher Weg, Umweg, kann fatal werden.

- Das Wetter verschätzt – womöglich Abbruch der Tour.

Die Lizumer Hütte ist ein wunderschöner Platz. Auf den letzten Metern wurde mir – wie so oft heute – bewusst, wie vollkommen und bizarr diese Bergwelt ist. Die Landschaft scheint Bilderbüchern zu entstammen, die sich selbst aufschlagen. Die Luft ist rein und klar, und die Geräusche und Klänge sind wahrhafte Sinfonien, die sich abwechseln, ineinander verweben.

Immer wieder halte ich an, um all diese intensiven und schönen Eindrücke in mir zu sammeln.

Wer sich sammeln möchte, wer sich noch weiter finden möchte, der ist hier in Bergen gut aufgehoben.

Ganz zum Ende des langen Aufstiegs war mir nach einer Liebeserklärung – einer der ganz besonderen Liebeserklärungen. An mich, an meine liebsten Menschen. An die Berge! Und ich schrieb sie auf WhatsApp, sprach sie als Sprachnachricht und rief an. Ich bin sicher, wir sollten generell mehr Liebeserklärungen machen! Sie bereichern unsere Welt!

Abends sitze ich dann mit bekannten und noch unbekannten Menschen zusammen, auch Marita ist zu meiner Freude wieder dabei.

Schöne Gespräche ergeben sich, aber es reicht auch, einfach schweigend beisammen sitzen zu können und Tagebuch zu schreiben. Nun bin ich schon acht Tage unterwegs. Mir stecken viele Kilometer in den Beinen – in der Länge und in der Höhe. Unendliche Eindrücke machen mich reich.

Im Schweigen beisammen sein – das gelingt Marita und mir. Damit beschließen wir, die nächsten Tage zusammen zu gehen. Wer das kann, den mögen wir gerne an unserer Seite haben – das denken wir beide, und das sagen wir uns auch. Nach einer Woche allein unterwegs weiß jede von uns, dass sie gut alleine sein kann. Mit diesem Entschluss schlafen wir beide friedlich und ruhig in unseren zwei Etagenbetten des ansonsten leeren Vier-Bett-Zimmers ein. Luxus das eine, Glück das andere.

# Tag 9 – 4. Juli:
# Von der Lizumer Hütte nach Finkenberg

Zu Fuß durch die Alpen – das ist kein leichtes Brot, so möchte ich das Motto für diesen Tag benennen. Denn dieser Satz wird irgendwann zum Tagesmotto! Mal ernst, mal scherzhaft.

Dieser Montag beginnt paradiesisch. Ich liege oben im Doppelstockbett des mit zwei Stockbetten besetzten Vierer-Zimmers der Lizumer Hütte und schaue immer wieder beim nächtlichen Umdrehen blinzelnd nach draußen: Almwiesen und Kühe, Sterne und Bäche.

Rosa Morgenlicht gegen 5 Uhr auf den Gipfeln. Hach, wunderschön. Wieder einer dieser Orte auf dieser Reise, die mich verzaubern und mich einnehmen.

Ab heute bin ich „zu zweit". Genau. Gestern Abend hatten wir es beschlossen. Marita und ich haben uns zusammengetan mit der Absicht, nicht die beiden kommenden Originaletappen zu gehen, von denen die eine in diesem Jahr noch nie begangen worden ist. Seit Tagen geht es in den Hütten immer wieder um ein Thema: die verschneite, vereiste Friesenkopfscharte. Ein Gipfel, über 2900 Meter hoch auf der Traumroute München-Venedig, erweist sich als wichtiger Dreh- und Angelpunkt.

Viele Wanderer basteln ihre Route also um diesen Gipfel herum, fahren Bahn, Bus, Taxi, weichen auf andere Täler um. Das kann ich schon seit Tagen beobachten.

Mich hat diese Frage gestern Abend auch beschäftigt, doch hatte ich mittlerweile eine Alternative im Kopf. – Nicht so Cordula, die gestern lange mit uns am Tisch saß und irgendwann mit fester Stimme sagte: „Gut, ich werde die erste sein." Und alle am Tisch glaubten ihr. 23-jährige, durchtrainierte Jungs hingen ihr quasi an den Lippen und sicherten ihr zu, zu folgen.

Cordula ist so etwas wie eine Heldin hier. – Sie ist versiert und erfahren, kann in Eis und Schnee klettern, ist in den Bergen groß geworden. Sie hat meinen absoluten Respekt – doch werde ich ihr nicht folgen. Ich kann nicht mit Steigeisen, Seil und Schneesicherung umgehen. Ich kann anderes, aber nicht das hier. Mir ist das Risiko zu groß, dann doch durchs Tal absteigen zu müssen und wieder einen Tag zu verlieren. Oder das Tal umfahren zu müssen.

So entscheide ich mich zusammen mit Marita, in den nächsten zwei Tagen das Tuxer Joch und den Friesenkopf zu umgehen.

Da sind wir wieder bei dem Thema: Was heißt es, „zu Fuß über die Alpen" zu gehen?

Ich bin – bis auf eine kleine Taxifahrt „wegen Hüfte" – zu Fuß gegangen, selbst die vielen Kilometer in Hall hin und her. Auch die Glungezer Höhe hoch und auch partiell wieder hinunter. Dann die Busfahrt nach Wattens, die kann ich von dem dicken Konto der doppelt gelaufenen Glungezer Höhe wieder abziehen (denke ich mir klammheimlich). Es ist mir wichtig, tatsächlich zu Fuß zu gehen und mir nicht nur die Rosinenstückchen herauszupicken und Umgehungen zu umfahren. Das wäre einfach, aber nicht im Sinne meines Projektes.

Und so gehen wir auch heute zu Fuß. Erst traumhaft bergauf, so traumhaft, dass ich mehrfach innehalte, anhalte und staune. Hier gibt es sie – die perfekten Momente. Die Momente, in denen ich denke, alles ist da, nichts fehlt. Meine eigenen Tränen erinnern mich daran, sie purzeln mir aus den Augen, erst hinterher weiß ich um ihre Bedeutung.

Ich spüre, dass diese Momente in dieser – gar nicht so spektakulären – Landschaft dennoch einzigartig sind. Alles ist da. Die Luft duftet nach Luft, nichts riecht oder stört. Nur der leise Wind ist dort als sanftes Klingen zu hören. Nein, es ist kein Geräusch, es ist vielmehr die Ahnung eines Klanges. Eher steigt die Qualität der Luft in die Nase, so rein ist sie. Die Luft ist überall an der Haut spürbar. Das Grün der Wiesen ist so grün, wie es sicher schon zum Zeitpunkt der Schöpfung als grün gedacht war. Man könnte meinen, dass es hier vor mir noch keinen Menschen gegeben hat, so einsam, so unberührt ist es hier. Für mich ist es der perfekte Moment.

Und was macht Marita? Sie telefoniert mit ihren Eltern, sie hat endlich wieder Netz. Eigentlich ein putziger Moment – so hier oben. Von außen betrachtet sonderbar. Aber ich verstehe sie, vielleicht gerade hier, in der Göttlichkeit – wie auch immer wir das nennen mögen – fühlt sie sich ihren Eltern nah. So habe ich auch einen Moment Zeit für mich.

Ich genieße, schreibe, halte inne. Wo sonst gibt es solche Momente? Du kommst an, es ist dir gleich, welche Uhrzeit, welcher Tag. Aber du spürst, dass dies ein ganz besonderer Moment ist. Endlos möchte ich hier bleiben. Heidi sein und abends zum Großvater in die Hütte kommen, ein Brot mit Käse, eine Suppe und dann müde in rot-weiß-karierte Bettwäsche sinken, von Wiesen und Schmetterlingen, von Wolken, die wie Schafe und liebevolle Riesen daherkommen, träumen.

Aber dann höre ich Marita. Die Realität hat mich wieder. Ein Telefonat auf 2700 Meter Höhe. Ich esse ein Stück Salami, während ich ihr zuschaue, wie sie von weitem auf mich zukommt. Skurril ja, eigenartig und dennoch normal. Normal zumindest fürs Wanderleben im 21. Jahrhundert. Das stete Kuhglockengeläut erinnert mich an den Alltag des Wanderns – das Weitergehen.

Und das tun wir dann stundenlang, kilometerlang. Erst ist alles beeindruckend, dann romantisch, dann schön, später nett und irgendwann, als der Wiesenweg dem Asphalt weicht, wird es zäh, langweilig und anstrengend. Nur die Gespräche halten uns „über Wasser". Zum Ende des Zillertals, ziemlich weit unten, wird es dann echte Arbeit. Da kommt mir der Satz in den Sinn:

**„Zu Fuß über die Alpen – das ist kein Zuckerbrot."**

Über Stunden bergab zu gehen, geht auf meine Füße und Knie. Am Ende des Talabstieges müssen wir auch noch mit der Landstraße vorliebnehmen.

Für diesen Teil der Strecke, die nicht mehr in meinem ständigem Begleiter, dem Wanderführer, steht, gibt es keine Anhaltspunkte. Und ebensowenig wie etwas in diesem Wanderführer steht, gibt es auch eine Wanderkarte.

Land- und Wanderkarten liebe ich seit jeher. Wenn ich auf Reisen bin, gehört es für mich zur täglichen Routine, mich örtlich zu befinden. Zu wissen, wo ich bin. Um dann mit den Augen auf den Karten zu verweilen, Routen abzuwägen, sie mir innerlich auszumalen. Auch Google-Earth schmälert diesen Genuss nicht. Viel eher setzt es noch eine weitere Prise obenauf.

Nun aber bin ich, sind wir zu zweit. Gerade weil es keine Karte gibt, ist das umso schöner, es verspricht mir eine gewisse Sicherheit. Ganz nach dem Motto : „Wenn ich schon verloren gehe, dann wenigstens nicht allein." Natürlich ist dies keine Ausflucht, keine Ausrede, dennoch eine Art Beruhigung.

Marita und ich können uns gut in Ruhe lassen, wir gehen oft etwas versetzt. Durch das mehrtägige Wandern alleine wissen wir um die Wander-Realität: Genussmomente, Frustmomente, aber auch Alltägliches wie das unmittelbare Ausziehen von Schuhen, wenn es eine Pause gibt. Innere und äußere Stille, den Berg genießend, das unmittelbare Wäschewaschen nach der Ankunft in einem Zimmer, das Verschwitzt- und Müde-Sein. Und so vieles andere mehr.

Besonders eindrücklich ist für mich heute die unbeschreibliche Stille auf den Höhen. Es gibt kein Geräusch, nur Natur und Ruhe. Ein starker Zustand, um sich anders wahrzunehmen als im üblichen Trubel. Der perfekte Moment. So nenne ich ihn. Plötzlich, komplett unvorbereitet, ist er da.

Ich genieße das, sehr sogar! Auch die sehr persönlichen Gespräche, die sich automatisch ergeben, weil es für jede von uns Zweien eine sehr persönliche Reise ist.

Trotz all der Gespräche und des Miteinandergehens zieht sich dieser Tag. So wandern wir stundenlang auf Landstraßen, klemmen uns an die Seitenwände von engen Galerien, die den vielen Autos die Zufahrt ins Tal ermöglichen, aus dem wir gerade kommen.

Die Sonne brutzelt von oben. Der Asphalt ist nach den Tagen auf den natürlichen Wanderwegen extrem hart.

Wir ermüden mehr und sind komplett unmotiviert, wenn die Alternativroute zur Landstraße wieder ein wenig bergauf geht. Aber wir wissen beide, dass wir weiter können. Mal ein ernstes Gespräch, mal ein Witz, mal ein Resümee des bisherigen – die Stunden nehmen ihren Lauf.

Ein weiterer Höhepunkt des Tages, der sogar als Tiefpunkt bezeichnet werden kann, ist eine Pause. Vielmehr die Sehnsucht nach einer Pause, für die wir nicht wirklich einen Platz finden. Irgendwann setzen wir uns einfach ins Gras, werfen die Schuhe und Socken von uns, dösen einen Moment und verputzen genüsslich einen der letzten Müsliriegel.

Seit der zur Mittagszeit einsetzenden Hitze drehen unsere Gespräche sich auch um kühle Bergseen oder sogar ein Freibad.

Abends in Finkenberg angekommen, finden wir schnell eine Pension. Jede bezieht unverzüglich ihr Zimmer und wäscht die Wäsche, die anschließend auf dem Balkon zum Trocknen hängt. Dann stellen wir fest, dass genau gegenüber ein kleines Freibad ist. Damit wäre der Traum des heutigen Tages in Erfüllung gegangen.

Wenige Minuten später sind wir auf der Liegewiese und schreiben Postkarten, lümmeln auf dem grünen Rasen und freuen uns an diesem schönen Abend.

Nach 15 Minuten gestehen wir uns ein, dass wir viel zu erschöpft sind, um in das vermeintlich „kalte" Wasser zu gehen. 23 Grad Wassertemperatur kommen uns nun kalt vor. Müde sind wir, aber zufrieden.

Lachend gehen wir dann in die Pension zurück, wo jede zufrieden mit der anderen plaudernd auf ihrem Balkon sitzt. Die Balkone nebeneinander, der Blick auf die Bergwelt. Frieden mit diesem Tag.

*Fazit des Tages:*

*„Wie oft bist du am Berg schon umgekehrt?*
*Es war nicht Feigheit, was der Berg dich lehrt.*
*Fällt auch dem Leichtsinn noch ein Gipfel in den Schoß,*
*doch im Verzicht zeigt sich der Meister groß.*
*Solang du lebst, du führst mit dir selber Krieg.*
*Sich selbst bezwingen – schönster Gipfelsieg!"*

Diesen Satz fand ich in der großen Gaststube des Karwendelhauses. Er gefällt mir tagtäglich mehr, denn ich spüre auch, wie verlockend ich die hochalpinen Etappen finde, wie es mich reizt, sie zu bezwingen. Doch gerade jetzt nach dem Abstieg von der Glungezer Höhe vor einigen Tagen und dem Durchqueren des Umgehungstales spüre ich, wie wertvoll diese Aussage ist. Diese Tour ist kräftemäßig vermutlich weitaus anstrengender, aber sie ist gefahrloser. So ist es für mich stimmig.

# Tag 10 – 5. Juli:
# Von Finkenberg zur Dominikushütte

Ich wache auf und nichts tut mir weh. Die körperlichen Malaisen des gestrigen Tages sind über Nacht verflogen.

Das Frühstück ist so liebevoll, dass ich es am liebsten einheimsen möchte in den Rucksack für den ganzen Tag. Am Nachbartisch sitzen Großeltern mit zwei Enkelkindern und erinnern mich an meine eigene Kindheit, an meine Großeltern, an Minigolf und Eisportionen ohne Ende.

Wir machen uns auf den Weg zum Schlegeisspeicher. Der Weg scheint einem Caspar-David-Friedrich-Gemälde entsprungen, ich stiefele hindurch, entdecke Orchideen, Salamander und wattewolkenverhangene Berggipfel.

Ich genieße meine Schritte, kraftvoll und entspannt zugleich, es geht voran, und ich bin zufrieden. Ein kleiner See aus einem angestauten Bach lädt uns zur Pause ein. Das Wetter spielt mit, mein Proviant passt perfekt. Ich habe ein bisschen mehr mit als ich brauche. Für alles ist gesorgt!

Ich staune über die Farbenvielfalt zwischen blau und grün, die sich hier im Wasser schillernd vor mir auftut.

Es gibt nur gute Nachrichten von zu Hause. Heimat ist mein warmer Mantel, der mich beflügelt.

An jeder Kreuzung verschlägt es mir den Atem, so schön ist die Gegend. Alle Menschen, denen ich begegne, schauen friedlich. Die anderen sind mir eh' egal.

Ich habe eine geniale Wandergefährtin, mit der ich über alles sprechen oder auch schweigen kann. Ich staune über die Tiefe und Weite der Gespräche, sie bereichern mich und schenken mir inneren Frieden.

Ich bin mir meiner Schwächen und Reichtümer noch einmal mehr bewusst und mag mich, so wie ich bin. Okay, ich werde bald 54, das ist nicht mehr jung. Ich verwende keine Anti-Aging-Produkte. Ich bin an der Sonne groß geworden, mit Rollschuhen und ohne Kindersitz im Auto. Aber ich bin viel draußen, ich habe gute und schwere Zeiten hinter mir.

Meine Stimmungen sind in meinem Gesicht zu sehen, ich mag es nicht, das zu kaschieren.

Frauen und Männer sind doch per se schön, so wie sie sind, finde ich.

Und ich stelle fest, dass ich während dieser Alpentour einen neuen öffentlichen Umgang mit meinem Körper habe. So muss ich mich in großen Matratzenlagern umziehen, nahe bei anderen Menschen schlafen, überhaupt meinen erschöpften und durchgewanderten Körper öffentlich zeigen, waschen und nutzen. Aber dieser Körper ist meiner, ich bin darin heimisch – auch mit Falten – und ich bin im Reinen mit mir, bin okay, wie ich bin.

Die Gespräche mit Marita lösen viele Erinnerungen aus und machen mir die Fülle meines Lebens noch einmal mehr bewusst.

Ich finde Kleeblätter am laufenden Band, hänge meinen Erinnerungen nach, lausche auf das Jetzt, das Geschenk und den inniglichen Eindruck der allumfassenden Gegenwart.

„Behüt' dich Gott!", da ist sie wieder, die Erinnerung an das abendliche Gute-Nacht-sagen-Ritual meines Großvaters.

Ausgelöst durch einen kleinen Kontaktmoment heute auf Facebook. Ich hatte heute morgen einem Kollegen, den ich sehr schätze, einen Gruß mit vierblättrigem Kleeblattfoto geschickt. Er liegt wieder im Krankenhaus.

Ich habe ein tiefes Mitgefühl für ihn und schreibe ihm noch etwas Nettes, dass es ihm bitte besser gehen soll, dass ich ihm alles Gute wünsche, dass er bald genesen soll.

Er antwortet mir mit dem obigem Satz „Behüt' dich Gott". Als ich diesen lese, rinnen mir unwillkürlich die Tränen aus den Augen. Der Satz bringt die gesamte Schönheit dieses Moments ins Licht meiner Erinnerungen.

Ich sehe meinen Großvater, der oft streng, aber auch sehr liebevoll war, auf dem Sofa im großen Wohnzimmer neben dem Panoramafenster voller Blumen sitzen. Immer am selben Platz. Abends saß er dort, mittags hielt er dort seine Mittagspause.

Zur Mittagszeit kam er immer aus seinem „Kontor", so nannten die Leute damals sein Büro, aß mit der Oma und uns Enkelkindern zu Mittag, um dann eine halbe Stunde die Augen zuzumachen.

Der saß also abends auf dem Sofa, ich hingegen stand im Nachthemd oder Schlafanzug vor ihm und wollte ihm Gute Nacht sagen. Oft sang er mir ein kleines Gute-Nacht-Lied oder nahm mich noch einmal zum Hoppe-Hoppe-Reiter-Spielen auf den Schoß. Wie habe ich diese Momente mit ihm geliebt! Ich erinnere mich, dass ich ein- oder zweimal die Woche bei meinen heißgeliebten Großeltern schlief, meine Mutter hatte genau an diesen Abenden lange Dienst. Das war für mich schön.

So konnte ich eben dort bei Oma und Opa bleiben.

Der schönste Moment kam dann, wenn er mir den kleinen Kuss auf die Stirn gab und sagte: „Behüt' dich Gott". Danach ging ich dann ins Bett – der nächsten Freude entgegensehend: Meine Oma las mir aus meinem Lieblingsbilderbuch vor. Und danach dann schlief ich selig ein – gemeinsam mit meiner nur wenig jüngeren Schwester.

In diesem Moment der Erinnerung wurde mir wieder einmal bewusst, dass diese Momente nicht wiederkommen können. Sie sind unwiederbringlich vorbei. Auch der Großvater lebt schon lange nicht mehr.

Jedoch kann ich der Erinnerung selber Nahrung geben, indem ich sie mir regelmäßig anschaue, sie aus meiner eigenen Erinnerungssammlung hervorhole und mich daran erfreue. Und ich kann sie in ähnlicher Form weitergeben. In meiner Partnerschaft, in meiner Familie, vielleicht als Großmutter.

Ich ahne, dass dieses abendliche Zu-Bett-geh-Ritual sicher einer der Gründe ist, warum mir früher der Nachtdienst im Altenheim so viel Freude gemacht hat. Ich durfte Gott ein wenig helfen, die Nacht der mir anvertrauten Menschen zu behüten.

„Hach", sage ich mir innerlich, was für ein schöner Tag. Marita und ich gehen weiter, es ist ein friedlicher Wandertag, wir haben kaum schwierige Anstiege. Sie erzählt aus ihrem Leben, ich höre zu und merke, wie diese geteilten Geschichten eine stärkere Verbindung zwischen uns schaffen.

Beim Ankommen ist das kühle Bier perfekt. Auf der Terrasse genieße ich meinen Ausblick über den Schlegeisspeicher, einen großen Stausee. Es war den ganzen Tag sonnig, nun fröstele ich. Auch das gehört irgendwie dazu, ich bin zufrieden und erfüllt müde. Am Ende dieses Tages weiß ich, dass der Tag rund ist, reich und irgendwie perfekt.

Der Ausblick am Abend krönt diesen Tag, und ich schlafe selig ein, während der Hüttenwirt meine Wäsche wäscht.

# Tag 11 – 6. Juli: Von der Dominikushütte zum Pfitscherjoch-Haus

Diese Nacht habe ich wunderbar ruhig im friedlichen Bettchen der Dominikushütte geschlafen. Gut erholt fühle ich mich nach dem gestrigen intensiven Wandertag von Finkenberg hierher.

Auch heute starte ich wieder mit Marita, den dritten Tag nun schon gemeinsam.

Mich treibt die Frage um, wonach wir bereits in den ersten Momenten Menschen danach auswählen, ob sie uns sympathisch sind oder nicht.

Zumindest haben wir zwei das Gefühl, es läuft gut. Die ersten wesentlichen Lebensgeschichten sind ausgetauscht, Momente, in denen die Nerven der anderen blank liegen, kennen wir auch (ja, auch die gibt es vereinzelt!). Nebeneinander schweigen geht wunderbar. Und heute kommen wir auf das Gesundheitssystem zu sprechen. Fast droht das, eine Grundsatzdiskussion zu werden, denn wir kennen die Schattenseiten der Pharmaindustrie, der ungeschickten Hierarchie zwischen Pflege, Medizin und Therapie. Noch bevor wir uns da hineinvertiefen, beschließen wir, das gehört nicht hierher in die Bergwelt. So viel Alltag wollen wir hier nicht haben. Es reicht, dass uns die Gedanken daran immer wieder einholen, aber wir müssen ihnen nicht zu viel Aufmerksamkeit geben.

Auch dies ist eine wichtige Parallele für meinen Alltag. Ich kann nämlich entscheiden, welchem Gedanken ich welche Aufmerksamkeit gebe.

Die heutige Tour beginnt mit zwei Stunden bergauf, in steinigen Serpentinen. Ich lasse mich etwas zurückfallen, denn solche Strecken gehe ich gerne alleine. Weil ich denke, auch in so etwas wie eine Art Wandertrance verfalle, mir Notizen mache, Texte strukturiere, für mich philosophiere und den inneren Flow genieße.

Inmitten dieser Stille geht das innere Denken so gut. Nichts stört, außer die eigenen Pausen, die kommen, weil ein Aufstieg immer wieder schweißtreibend ist.

So gehe ich fast anderthalb Stunden alleine bergauf. Meine Gedanken schweifen auf wundersame Weise, ungelenkt, unkontrolliert. Oft genug erwische ich mich, dass ich gar nicht denke. Oder denke, dass ich nicht denke. Ein großer innerer Raum, der sich da in mir auftut. In mir tauchen Eindrücke und Erinnerungen auf, wie gestern schon, wie an den anderen Tagen auch.

In diesem Raum gibt es auch Fragen, die mich finden. Für die sonst nicht genug Zeit – oder Aufmerksamkeit – da ist.

*Welches Leben lebe ich da eigentlich? Ist es meines? Ist es das, was ich denke, was und wie ich zu leben habe? Leben wir „nur mal so"?*

*Kämpfen wir? Leben wir?*

*Welchen Mustern von Lebensentwürfen folgen wir? Was passiert, wenn wir uns davon befreien?*

*Welche Ziele, welche Werte haben wir? Erfüllen uns diese Ziele, oder lassen sie uns immer mehr ins Leere laufen? Brennen wir dabei aus?*

*Leben wir auf Kosten anderer? Was machen wir wieder gut? Sind Geben und Nehmen im Gleichgewicht? Vertrauen wir dem Fluss des Lebens, misstrauen wir dem Fluss des Lebens?*

*Wonach sehnen wir uns auf unserem Lebensweg?*

*Was bereitet uns wirkliche Freude, was ist vielleicht nur ein Schein?*

Diese Fragenliste könnte ich vermutlich noch weiterführen, dennoch halte ich inne.

Ich bin mit meinen Füßen mitten in der Antwort: Ich lebe. Ich lebe erfüllt und glücklich. Ich folge meinem Weg, meiner Berufung und Aufgabe.

Mein guter Freund, der vor Kurzem gestorben ist, kommt mir heute wieder in den Sinn. Ich vermisse ihn, ich hätte ihn so gerne noch einmal erlebt, dennoch fühle ich mich durch unsere Verbundenheit und Freundschaft reich beschenkt. Er ist weise und integer von dieser Welt gegangen. Die Zeit, sich auf seinen Tod vorzubereiten, war nicht lang, sie reichte aber, um Frieden zu finden. Reue gab es wenig. Sicher, er lässt Frau und Kinder zurück, alle hätten wir ihn gerne noch um uns. Der Schmerz bei ihnen wird noch seine Zeit brauchen. Dennoch ist er von Angesicht zu Angesicht gestorben, hat sich mit seinem gelebten Leben versöhnt.

Hier in den Bergen geht es mir wieder einmal so, dass die von mir geliebten Menschen, die gestorben sind, nahe sind. Als würden sie zu mir sprechen, noch einmal zu Besuch kommen. Das mag dem einen oder anderen esoterisch oder komisch erscheinen. Das ist mir gerade gleich, denn ich bin mir sicher, dass dieser gute Freund „irgendwie" gerade hier war.

Ähnlich wie ein Schmetterling flog er hier an mir vorbei, spann sich in meine Gedanken. „Schön", dachte ich.

An diesem Vormittag finde ich die Antwort auf die Frage: „Was würdest du tun, wenn du heute 1.000.000 Euro gewinnen würdest?" Ich würde nach Belluno wandern – was sonst.

Später würde ich mir dann überlegen, was ich weiter Sinnvolles mit diesem Geld anfangen würde.

Die zweite Hälfte dieses Vormittages habe ich konkret über ein Anliegen beruflicher Art nachgedacht.

Oben an der Olperer Hütte auf fast 2400 Metern angekommen, stelle ich fest, dass ich in dieser letzten Stunde ein komplettes Konzept gestrickt habe. Das ist einen Apfelstrudel wert. Mit Vanillesauce. Köstlich! Marita und ich gehen ab hier wieder gemeinsam für diesen Tag weiter. Ein letzter Blick auf diese wunderschöne Hütte – dann geht es noch einmal gute fünf Stunden steinauf, steinab Richtung Italien.

Ich halte immer wieder an. Bin dankbar für mein Privileg, solch eine Strecke zu gehen, staune zutiefst über die Gewaltigkeit und Macht der Berge. Überall liegt noch Schnee, Murmeltiere schauen vorwitzig aus ihren Bauten und hängen die Nase in den Wind.

Der Tag ist anstrengend, seit Tagen gehe ich viele Stunden am Tag talaufwärts oder talabwärts. Heute wird meine Konzentration extrem gefordert, weil ich auf jeden Schritt achten muss. Es gilt Bäche zu überqueren, feine, fast schon unsichtbare Wege im Geröll zu finden.

Immer wieder gehe ich über die im Sommer kahlen Skipisten, erodierte Landstücke in dieser wunderschönen Bergwelt. Auf solchen hohen und weit entfernten Gipfeln sind meines Erachtens Skipisten und Liftanlagen überflüssig, der Berg „will ja gar nicht", dass auf ihm Ski gefahren wird.

Das ist nicht im Sinne des Berges. Wandern ist auch ein Eingriff in diesen Frieden, aber wohl ein kleinerer. Dafür müssen dennoch die ganzen Netze von Wanderwegen in Ordnung gehalten werden. Heute erfahre ich, dass dies meist ehrenamtlich geschieht! So viele Schilder, Tore, Wegmarkierungen – ich bin den vielen Helfern der Alpenvereine sehr dankbar für ihre Arbeit!

Und noch einmal denke ich mit bitterer Nachgeschmack: Sind wir Menschen nicht die einzigen Lebewesen, die glauben, uns die Natur untertan machen zu können, statt im Einklang mit ihr zu leben? Sind wir die einzigen Lebewesen, die statt Freude, Zufriedenheit und Dankbarkeit, Scheinwelten und Konstrukte schaffen, um zu leben?

Ich weiß, das sind mal wieder die großen Fragen, die mich hier einholen. In den Stunden, in denen ich alleine gehe, kommt mir so vieles in den Sinn.

Marita und ich gehen weiter. Mal redend, mal schweigend. Von weitem lässt sich schon die Grenze nach Italien vermuten, ein paar Häuser – oder sind es eher Hütten – sind auf der anderen Seite des Tales zu erkennen.

„Das wird auch Zeit", denke ich, denn der Nachmittag nimmt seinen Lauf.

Marita und mir geht es ähnlich, am späteren Nachmittag spüren wir die Erschöpfung. Mir fällt dann auf, wie leicht ich ins Stolpern komme, unaufmerksamer werden meine Schritte. Am heutigen Tag ist das kein Wunder, denn wir haben seit Stunden auf den steinigen Weg zu achten.

**Nun kommt ein seltsames Kapitel. Das Kapitel über den kleinen Elefanten.**

Natürlich weiß ich, dass schon viele, viele Menschen zu Fuß über die Alpen gegangen sind. Einer überquerte sie sogar mit lebenden Elefanten. Ich muss gestehen, dass ich das gerne gesehen hätte. Wie ist es den Tieren damals gelungen, diese steinigen Wege zu gehen, wie sind sie mit den teils steilen Auf- und Abstiegen zurechtgekommen?

Wahrscheinlich war Tierschutz damals noch kein Thema.

Gut, aber jetzt muss es raus. Vielmehr ER muss jetzt raus. Der kleine Elefant, der mich die ganze Reise begleitet. Es ist Fanti, meine kleine Spieluhr in Form eines Elefanten. Vor ein paar Jahren habe ich ihn geschenkt bekommen und seither begleitet mich Fanti auf all meinen Reisen.

Er ist nicht größer als eine kleine Mango oder Avocado und wiegt natürlich auch wenig, deshalb habe ich ihn auch auf diese Reise mitgenommen. Fanti war also schon in Amerika und in China, auch in Dänemark, Österreich und der Schweiz. Selbst London kennt er.

Allerdings ist ihm Italien unbekannt. So nehme ich also den kleinen Fanti einen Kilometer vorher aus meinem Rucksack und binde ihn an meinen Rucksack-Gurt, sodass er sich an das Licht hier draußen gewöhnen und sich schon einmal umschauen kann, wie Italien von dieser Seite aus wirkt.

Manche Menschen mögen jetzt vielleicht lachen. Marita auch, allerdings kennt sie Fanti bereits seit der Lizumer Hütte. Da haben wir das erste Mal im selben Zimmer übernachtet.

Sie weiß, dass ich Fanti gern habe. Natürlich weiß ich, dass es vielleicht albern sein könnte, mit über 50 Jahren noch mit einem kleinen Stofftier zu sprechen bzw. es auf Reisen dabei zu haben.

Aber warum sollte mir das peinlich sein? Hat nicht jeder irgendwie so einen kleinen Stoffelefanten? Einen Talisman, einen kleinen Begleiter?

Wenn ich alleine auf meinen beruflichen Reisen bin, ist es schön, wenn Fanti abends schon auf dem frisch gemachten Bett sitzt. Die Zimmermädchen in den unterschiedlichen Hotels haben mich bisher mit den unterschiedlichsten Drapierungs-Versionen des kleinen Stoffelefanten überrascht.

Ich stehe dazu, dass Fanti mit ist, deshalb schreibe ich auch jetzt über ihn. Denn jetzt, an diesem Spätnachmittag, geht er mit mir von Österreich nach Italien – was für ein aufregender Moment für den kleinen Kerl.

Aber dieser Moment ist auch für mich aufregend, das erste Mal gehe ich zu Fuß nach Italien. Am meisten bin ich wohl mit der Bahn nach Italien gefahren, zweimal mit dem Rad, zweimal mit dem Schiff.

Die Grenze von Deutschland nach Österreich, die ich vor wenigen Tagen überschritt, war weitaus unspektakulärer, ich überschritt sie auf einer Straße. Offiziell, Autos fuhren an mir vorbei.

Diese Grenze ist anders, wilder, aufregender, bizzarer.

Es gibt einen Grenzstein, wir halten an, um diesen Moment mit Fotos und auch Filmen zu würdigen.

Kurz nach der Grenze sind wir dann am Pfitscherjoch-Haus. Kalt und zugig ist es, der Wind pfeift hier oben. Es sind viele Menschen hier, von daher ist es sehr rummelig, unruhig und laut.

An Nachbartischen sehen wir die üblichen „Bekannten". Wir treffen also immer wieder auf dieselben Menschen.

Was mich besonders freut, ist die Tatsache, dass hier andere Wanderer sind, die nicht über die Friesenkopfscharte gegangen und dann ein weites Stück mit dem Bus gefahren sind. Genau das Stück, welches Marita und ich vorgestern und gestern gegangen sind. Es war langweilig, wie sie sagen. Marita und ich zwinkern uns zu – wir sind stolz über unseren Weg.

*Fazit nach diesem Tag:*

*Die Berge sind faszinierend.*

*Die Stille tut gut.*

*Zu Fuß nach Italien – es geht. Still und leise über die Grenze.*

*Was soll ich über diesen Tag sagen?*

*Er war fulminant und anstrengend zugleich.*

# Tag 12 – 7. Juli:
# Vom Pfitscherjoch-Haus nach Pfunders

Ein Wandertag, vergleichbar mit denen der letzten Tage, liegt vor mir:

Sieben bis neun Stunden auf den Beinen, viele Kilometer und auch viele Höhenmeter.

Die Nacht über verdränge ich die vor mir liegenden Höhenmeter ganz erfolgreich, ich will vorher nicht wissen, dass es so hoch hinaus geht. Am Morgen dann, wenn ich starte und zum wiederholten Mal auf die Wanderkarte schaue, kann ich es nicht mehr verdrängen. Dann liegen diese Kilometer unweigerlich vor mir.

Heute startet es leise, sanft. Auf den ersten Kilometern treffe ich wiederholt bekannte Gesichter.

Es ist zudem auch einer dieser Tage, an denen ich mindestens sieben vierblättrige Kleeblätter finde.

An einem kleinen Abstieg kommt mir eine Kuh entgegen, die von zwei Frauen liebevoll, aber konsequent hochgetrieben wird. Sie hat wohl ihre Herde verloren. Ich kann es kaum ansehen, wie schwer diese Kuh auf dem sandigen Boden, der mit diversen Baum- und Strauchwurzeln durchzogen ist, bergauf stampft, rutscht, tritt. Da ich keine Kuhhirtin bin, kann ich diese Situation nicht wirklich beurteilen. Sie geht mir aber zu Herzen.

Mir kommt allerdings wieder mein Großvater in den Sinn, der mir als Kind erklärt hat, dass diese braunen Kühe, im Gegensatz zu den schwarz-weißen Kühen, keine Milch sondern Kakao geben. Ich weiß nicht mehr genau, wie lange ich das geglaubt habe. Bei unseren Familienfahrten von Norddeutschland nach Franken sah ich regelmäßig braune Kühe, konnte mich als Kind aber niemals wirklich von Opas Aussage überzeugen.

Diese Geschichte von ihm geht mir seither durch den Sinn, wenn ich braune Kühe sehe, so wie diese hier.

Es geht weiter bergauf, stetig, allmählich immer zäher – Schritt für Schritt, mit einem Klick-klack der Stöcke. Vor mir tut sich ein riesiger Hang auf, der nach meinem Verständnis bald überschritten sein sollte. Der Berg muss doch da oben aufhören! Und so denke ich an jeder Ecke: „Gleich ist es soweit", dann doch noch ein Schwenk, eine Runde um den Gipfel, noch höher. Zwar liebe ich dieses sehr meditative Gehen, doch zwischendurch wird es auch immer wieder mal zum Kampf, auch zum mentalen Kampf! Marita ist meist ein Stück vor mir, denn oft bleibe ich stehen und mache Notizen und schaue mich um.

Das ist etwas, was ich mit Marita sehr mag. Ich darf mir Zeit lassen, sie weiß, dass ich – gerade in den ersten Wanderstunden – sehr viele Ideen und Gedanken entwickele.

Trotz des Aufstieges ist mir wohlig. Die Sonne scheint bilderbuchmäßig, die Tour führt heute in einen sicher netten Ort, und ich freue mich an allem, was mich umgibt.

Wiederholt lasse ich mich in die Almwiesen sinken, blinzele durch Tausende von Blumen, lausche dem emsigen Gesumme der Insekten, die hier leben und ihr Tagewerk ausführen.

Und dann schaue ich genauer hin.

Es sind ja gar nicht alle Blumen intakt! Sie sehen unterschiedlich aus. Die eine hat ein abgestrubbeltes Blütenblatt, die andere ist ganz krumm oder schon welk. Keine sieht wie die andere aus, jede ist in ihrer jeweiligen Schönheit unperfekt.

Und während ich da so in diesem Bergwiesen-Blütenmeer liege, denke ich darüber nach, dass es den Blumen nichts ausmacht. Sie scheinen sich nicht daran zu stören, wie sie aussehen.

Ganz im Gegenteil, mir scheint, dass sie vollkommen zufrieden mit sich sind und um die Wette strahlen. Jede möchte, dass sich eine der Bienen auf sie setzt, jede mag vermutlich den Schmetterlingen ein geeigneter Rastplatz sein.

Wie anders sind die Menschen.

Die Kosmetikbranche lebt vergnüglich vom Schönheitswahn der Menschheit, ebenso die Schönheitschirurgie. Millionen werden hier verdient, weil Frauen und auch Männer nicht mit dem zufrieden sind, was sie morgens im Spiegel sehen. Der ewige Hunger nach Wertschätzung, nach Bestätigung. Selfies markieren ebenfalls den Hunger nach „Schau mich an". Was für eine verdrehte Welt.

Junge Mädchen hungern sich halbtot, um irgendwelchen Idealen hinterherzueifern, Jungen pumpen sich mit Eiweißpräparaten voll, um ihren Bizeps zu vergrößern.

Die Blumen haben das nicht nötig, eine steht neben der anderen.

Wahrscheinlich würde es sie noch nicht einmal stören, wenn ihrer Nachbarin ein Chromosom fehlen würde. Hier sind alle gleich. Vielleicht wissen sie, wie jede von ihnen zur allgemeinen Schönheit dieser Wiese beiträgt. Warum können wir Menschen uns selbst nicht genug sein?

Ich gehe weiter, wieder eine halbe Stunde, wieder ein paar Höhenmeter und suche mir den nächsten Platz, um einen Moment zu rasten, mich kurz hinzusetzen, Wasser von der Innen- in die Außenflasche umzufüllen und einen Müsliriegel zu essen. Marita ruft jedoch von oben, auf fast 2500 Meter Höhe zu mir, dass ein paar Meter weiter ein schöner Platz zum Sitzen sei. Während ich nach diesem „besonders schönen" Platz Ausschau halte, „stolpere" ich über einen Schokoriegel, den sie mir dort auf den unmittelbaren Weg gelegt hat. Was für eine Geste und was für eine Freude! Ich bin tief gerührt – und es kommt noch mehr dazu: Alleine in dieser kleinen Verschnaufpause sehe ich zwei Steinböcke, kann einem Pfeifkonzert der Murmeltiere zuhören und immer wieder den Blick in die Weite schweifen lassen.

Vor mir liegen die letzten Höhenmeter – dann ist der 2600 Meter hohe Gipfel der Gliederscharte erreicht. Dort oben ist die Welt wieder anders, der Blick reicht weit in beide Richtungen. Oben liegt Schnee, wir stapfen lachend mit unseren Stiefeln durch das Schneefeld. Natürlich machen wir Fotos und, wie kann es anders sein, treffen auf einen Bekannten.

Wir plaudern, tauschen uns über den Aufstieg und die vor uns liegende Strecke aus.

Und dann – wow – geht es lange bergab.

Was auch nicht einfach ist, denn der Abstieg geht auf die Füße und Knie. Das macht mir heute nichts, der Ausblick ist phänomenal – die Berge sehen für mich jetzt nach „Südtirol" aus. Ich bin glücklich. Möchte mit nichts tauschen, als einfach hier zu sein.

Wann sind wir das schon? Glücklich im Moment? Wie oft zielt das Leben darauf ab, sich großartige Werte und spektakuläre Ereignisse zu ermöglichen? Das Hoffen auf „Dann, ja dann. Wenn das Haus abbezahlt ist …, wenn die Kinder groß sind …, wenn Mutter wieder gesund ist …, wenn das neue Auto da ist …, wenn der Auftrag da ist …, die Gehaltserhöhung …, der nächste Urlaub …, wir endlich auf Mallorca, den Malediven, den Kanaren oder in der Karibik sind."

So geht es doch vielen – der Moment verstreicht, während wir auf das kommende Event oder Ereignis warten.

Marita und ich singen auf diesem Abstieg. Den langen Aufstieg habe ich genutzt, ihr ein kleines Lied zu texten. Es gefällt ihr, und wir singen weitere Lieder zusammen.

Das ist herrlich, nur hoffe ich, dass uns die Murmeltiere diesen Übermut nicht übelnehmen.

Lärm kann so nervig sein. Aber heute – ist uns alles egal.

Wir wollen weiter hinuntergehen, freuen uns auf einen schönen Abend und ein gemütliches Bett.

Doch liegt vor uns noch eine kleine Alm, unsere Gelüste, was ein warmes Mahl angeht, überschlagen sich. Jede gibt etwas dazu, sodass wir alle möglichen Mahlzeiten miteinander erspinnen. Der Hunger ist recht groß, da hilft auch der Schokoriegel nicht, der noch in meinem Bauch verweilt. Das Essen gestern Abend im Pfitscherjoch wurde von mir in die Kategorie Sättigung statt Genuss eingestuft, es war nichts Besonderes. Der Vergleich mit einer sehr schlichten Jugendherberge mag hier eher zutreffen.

Uns läuft das Wasser im Mund zusammen, als wir die Hütte sehen.

In unserem Übermut haben wir natürlich überlesen, dass es hier keine warme Küche gibt. Das sind so Zeilen, die tilge ich beim Lesen des Wanderführers. Hütte gleich warmes Essen!

Nun kommen wir dort an und treffen wieder auf eine bekannte Runde. Vor der Hütte, an einem urigen Holztisch sitzen sechs andere Wanderer, mir alle seit der Glungezer und Lizumer Hütte bekannt.

Es ist schön, sie hier zu treffen. Der Tisch biegt sich fast unter der Menge von frischem Ziegenkäse mit Schüttelbrot. Lasse ich den Blick schweifen, sehe ich auch die Ziegen auf der anderen Bergseite am Hang.

Ich schaue dem Hüttenwirt beeindruckt zu, wie er die weit entfernt weidenden Ziegen durchs Fernglas beobachtet. Der Hofhund wird sie heute Abend zurückholen, damit sie gemolken werden, um diesen göttlichen Ziegenkäse herstellen zu können.

Nach einer letzten Tagesetappe kommen wir schließlich spät in Pfunders/Südtirol an. Die letzten Kilometer gehören wieder zu den zähen Stücken des heutigen Tages.

Und dann gibt es noch etwas.

Die Gruppe mit all den Wanderern, mit denen wir am frühen Nachmittag zusammen am Ziegenkäsetisch saßen: Alle wollen im selben Hotel übernachten und dort Fußball gucken.

Fußball? EM? Das geht sowieso vollkommen spurlos an mir vorbei. Das wäre so ziemlich das Letzte, was ich hier anschauen würde. Aber ich verstehe natürlich, dass es für andere Menschen eine Bedeutung hat.

Nur merke ich, dass ich kein wirkliches Interesse habe, den Abend in diesem Hotel zu verbringen, es klingt mir nach zu viel Lärm und Unruhe. Ich werde ja Tag für Tag mehr zu einer überzeugten Ruhe-Fanatikerin.

Von daher freue ich mich sehr, zu erfahren, dass das Hotel keine freien Zimmer mehr hat.

So gehen wir mit müden Füßen weiter, sehnen uns nach Dusche, Bier und Essen. Just in dem Moment, wo wir denken, dass wir nicht mehr können, taucht eine freundliche Privatpension auf, in der sogar jede ein eigenes Zimmer bekommt.

Ich bin überglücklich, wir sind die einzigen Gäste. Es gibt einen Kater, einen Hof, auf dem auch Käse hergestellt wird und eine Pensionsfamilie, die keinen Wunsch offen lässt.

Marita und ich duschen, stecken sogar unsere Wäsche in die Waschmaschine, die dort im Bad steht und sitzen wenige Momente später am Tisch des Innenhofes, der den Blick auf den Ort und die Berge frei lässt. Und zu aller Freude habe ich auch noch Internet. Nicht viel, aber immerhin!

Ich staune, als ich erfahre, dass die Wirtin eigens für uns kocht. (Wie liebevoll.)

Ein Abend mit Käsknödeln und Salat – Krautsalat! Viele mögen bei diesem Wort vielleicht schon die Augen verdrehen, in Anbetracht der Erinnerungen an fertigen, in Öl-Wasser-Sud schwimmenden Salat, der neben der allgemeinen Geschmacklosigkeit auch vor Konservierungsmitteln strotzt, kein Wunder. Ich nicht!

Dieser Krautsalat in Pfunders ist der beste Krautsalat meines Lebens, vermutlich nichts Besonderes, aber der Beste! Oder liegt es am täglichen Schüttelbrot mit Salami und Apfelallerlei, dass mich dieser knackige, frische, leicht nussige Salat so begeistert? Macht der Verzicht bzw. die eher karge Wanderkost, die Geschmacksknospen „blind" für Genüsse oder gerade sehr feinfühlig dafür? Ist es die Abwechslung zur doch recht gleichförmigen Hütten- und Rucksackkost?

Ja, genau das ist es! Gerade hier an diesem wunderbaren Platz, der nach müden, suchenden Stunden endlich gefunden ist, der von Stille, Ruhe und Herzlichkeit einer Frau getragen ist, da begegnet mir der beste Krautsalat meines Lebens! Er schwimmt ein wenig in der geschmolzenen Butter der Käsnockerln, die dazu serviert werden. – Es ist traumhaft, der Salat scheint mich entschädigen zu wollen. Dabei ist er so einfach und so simpel. Es gehört nicht allzu viel dazu, ihn zuzubereiten, aber es gehört viel dazu, ihn zu genießen. Ich ahne, welche Dimension des konsumorientierten Verzichts ich seit Beginn der Wanderung mit mir selbst erlebe.

Krautsalat. Einfach nur Weißkohl für eine Salatspezialistin wie mich? Ja, es geht. Weil ich so wunderbar verzichten gelernt habe. Wenig ist viel. Mein üblicher Standard aus Biogemüse, Bioobst, Biojoghurt, Tofuschlemmereien & Co sind, so scheint es mir, Wochen her.

Das Essen auf den Hütten ist einfach, gut, auf Sättigung und Kalorienzufuhr ausgerichtet. Viele Menschen auf diesem Planeten könnten davon oder damit wunderbar (über)leben. Ich bin in gewisser Weise verwöhnt, habe täglich genug auf dem Teller.

Gut, als Kind habe ich ab und an ein wenig gehungert und das Gefühl gehabt, zu den eher ärmeren Familien zu gehören. (Zumindest im Nachhinein – als Kind selbst konnte ich das noch nicht beurteilen.) Jetzt ist es anders. Im Alltag esse ich gesund und gut.

Auf dieser Tour allerdings erlebe ich etwas Neues: Nahrung ist nicht selbstverständlich. Hier in Pfunders schon, wenn man ein Auto hat und alles Frische einkauft. Doch diese bodenständige Pensionswirtin fährt nicht täglich in das nächste Tal mit einem größeren Ort, um frische Salatzutaten zu kaufen, für Gäste, die vielleicht gar nicht ankommen. Sie baut selber an und bereitet Krautsalat zu, der sich eine Weile hält! Gut so.

Auch der Weißkohl selbst braucht nicht einmal eine wirkliche Kühlung. Eine einfache Gemüsemiete im Garten reicht. Wie lecker ist die Vorstellung, dass dieser Kohl hier gewachsen ist, ohne jeglichen CO2-Abdruck.

Anders ist es auf den Hütten, die weiter oben sind. Sie sind teilweise sehr weit abgelegen, ohne Straße, ohne Gemüsegeschäft oder Supermarkt in der Nähe. Lebensmittel und andere Dinge des täglichen Bedarfs werden per Hubschrauber oder mittels diffiziler Lifttransporte auf diese Höhen gebracht. Tomaten halten da vielleicht fünf Tage, Blattsalat nur drei.

Dieser Krautsalat ist also „einfach da". Und ich bin dankbar für die Erfahrung, wie köstlich er ist und weil er eben nicht neben Äpfeln aus Neuseeland, Pflaumen aus Chile und Avocados aus Israel im Kühlregal liegt.

Meine Geschmacksnerven werden wieder „normal", bringen mich wieder zurück in die Zeit der Kinder aus den 1960er Jahren, wo man das aß, was die Saison hergab. Das waren die Petersilienkartoffeln, die Steckrübensuppe, die einfachen Reibekuchen. Äpfel in den Kellerregalen meiner Oma. Alles war da, dabei war es aus jetziger Sicht wenig. Aber ehrlich? Da war ich mit Teewurst und Camembert zufrieden. Wenn es dann noch „Am laufenden Band" im Schwarz-Weiß-Fernseher gab, was wollte ich mehr …

Ich bin selig, genieße das köstliche Mahl und nutze jede Minute, diesen traumhaften Blick auf die Berge einzufangen und in mir anzusammeln, damit er mir in den folgenden Monaten noch als Erinnerung zur Verfügung steht. Und ich erfreue mich unserer tiefen, erholsamen Übereinstimmung, mal lächelnd, mal still, dann wieder albern, müde, zufrieden, fast schon selig. Wir haben den ganzen Tag so viel geredet – jetzt sind wir satt und zufrieden. Voll im wahrsten Sinne des Wortes.

Angesichts der Aussicht auf die morgige Tour überkommt mich Ehrfurcht vor den Dolomiten, die heute schon um die Ecke „blitzten". Mir kommen die Erinnerungen an die Touren, die ich als Jugendliche hier gewandert bin. Damals war ich mit meiner geliebten Schwester und fast der gesamten Konfirmandengruppe der Kirchengemeinde in Welsberg/Monguelfo – hier ganz in der Nähe. Mir kommen die Bilder von den drei Zinnen, vom Pragser Wildsee und dem Dürrenstein in den Sinn. Beeindruckend.

Voller Vorfreude falle ich später glücklich ins Bett.

# Tag 13 – 8. Juli:
# Von Pfunders zur Kreuzwiesenalm

Der Morgen beginnt mit einem Frühstück in einer der urigsten Gaststuben, in der ich je gesessen habe.

Ich war froh, dass ich dort gerade noch stehen konnte. Wir stärkten uns mit göttlichem Käse und Brot, Kaffee und heimeligen Gesprächen.

Die gestrigen Erinnerungen an die Dolomiten sind auch heute Morgen wieder da.

Ich denke zurück an diese Reisen und starte dann auch wenig später mit ganz viel Schwung und positiver Energie. Der Krautsalat und die Käsnockerln scheinen mir immer noch Kraft zu geben.

Ich gehe so vor mich hin, Schritt vor Schritt, wovon ich heute noch viele vor mir habe.

Wach bin ich heute, die Nase leicht im Wind, um all die Gerüche und Eindrücke dieser Südtiroler Landschaft in mich aufzunehmen. An nichts Spezielles denkend, ein schöner Zustand, fast schon Flow. Marita erzählt von einer Freundin, die sich in letzter Zeit sehr verändert hat. Es ist schön, sie nutzt mich mehr und mehr als Coach. So höre ich friedlich zu und versuche, mir die Welt aus Sicht dieser Freundin vorzustellen, um womöglich eine Antwort für Marita zu haben.

Dabei kommen wir in einen weiteren Ort – neben einem Einkauf gibt es hier wohl auch eine Bank. Mein Bargeld ist bald alle, andere Besorgungen stehen an, sodass wir hier auch eine Vormittagspause einplanen.

Am Anfang des Ortes stehen vereinzelte Häuser, die Gärten sind groß, die Anwesen teils sehr alt und auch urig. Und ebenda sehe ich eine Gardine, die sich leicht bewegt, eine Art sanftes Rascheln, nur der Hauch einer Bewegung. Mehr nicht.

Aber dahinter sehe ich dann – vorsichtig spähend, als ob es eben nicht gesehen werden will – das faltige, runzelige, aber freundliche Gesicht einer uralten Frau. Unwillkürlich lächele ich. Und winke. Impulsiv, ohne nachzudenken. Albern? Nein, irgendwie normal. Ich bin mir gar nicht sicher, ob sie mich sieht, die alte Frau. Vielleicht sitzt sie seit Wochen oder auch Monaten dort. Zufrieden oder unzufrieden. Freiwillig oder unfreiwillig. (Der Nebengedanke geht sogleich dahin, wie viele Menschen weggesperrt leben. Weil sie die falsche Hautfarbe, das falsche Geschlecht, das falsche Alter, den falschen Gesundheitszustand … haben.)

In jedem Fall bin ich berührt von der sekundenlangen Nähe, so scheint es mir zumindest. Ich fühle mich ertappt, es ist eine ungewohnte, eigenartige Intimität, die in unserem flüchtigen Blick lag. Als wenn auch sie sich erwischt oder ertappt fühlt. Und ich bin dankbar, dass sie mich wieder daran erinnert hat, wie köstlich und nährend es sein kann, unbekannte Menschen einfach anzuschauen. Auf der Straße. Oder gerade die zu grüßen, die den Blick nach unten senken, bis sie hochschauen. Wie oft bekommt ein müdes Gesicht dadurch ein wenig Farbe, einen Moment Glanz. Es gibt Menschen, die werden vermutlich überhaupt nicht angeschaut. Wahrscheinlich mögen sie gar nicht mehr hochschauen, vielleicht schmerzt es sie, dass keiner schaut.

Traurige Gesichter, hässliche Gesichter, versehrte Gesichter, deprimierte oder auch „verrückte" Gesichter. Gesichter, die auf einem Körper sind, der in einem Rollstuhl sitzt. Gesichter, die so wirken, als ginge dieser Mensch nur mit großer Überwindung aus dem Haus.

Mir wird bewusst, dass es sich jedes Mal wieder lohnt, diesen kleinen Moment eines Kontaktes, eines Kontaktes über die Augen, zu suchen und zu finden. Der Tag danach ist immer wieder anders!

Mich berührt dieser Moment, Marita hingegen hat ihn gar nicht wahrgenommen. Ich fühle mich reicher, aber auch nachdenklicher. Wer wohnt hinter all den Fassaden? Welche Menschen sind sichtbar, welche gehören gar nicht mehr zum Alltag, weil sie krank oder alt sind?

Wenige Minuten später kaufen wir ein, heben Geld ab, schreiben Karten und trinken einen Cappuccino.

Und wenn ich ehrlich bin, dann drücke ich mich gerade vor dem kommenden Anstieg. Es ist so gut, ein wenig Zivilisation um sich herum zu haben. Meine Güte, wie einfach ist es doch, sich im Alltag zu bemogeln um dann wenig später festzustellen, dass das nicht wirklich gelingt. Also schieben wir noch einen Moment auf! Noch einen Cappuccino für Marita und ein wenig Internet für mich.

Jedoch siegt bald die Vernunft, und wir gehen weiter. Dabei durchschreiten wir die Talsohle des Pustertales und gehen dann – nach einem Mittagspicknick – stetig bergauf. Wieder einmal bergauf, stundenlang bergauf. Einfach nur Schritt vor Schritt, Schritt vor Schritt und noch einmal Schritt vor Schritt. Schwitzend bergauf auf vielzähligen Wegen und Trampelpfaden, kaum Aussicht auf die gewonnene Höhe, die sich ja oft am Blick auf den gegenüberliegenden Hang sichtbar macht. Durch den Wald einfach immer weiter hoch. Über Stunden, ein Kampf!

Mir wird heute noch einmal sehr bewusst, dass es die mentale Kraft ist, die mich den Berg hoch bringt (und natürlich auch wieder hinunter). Wenn der Kopf will, geht auch der Körper weiter, auch wenn er am liebsten nicht mehr weitergehen möchte.

Klitzekleine und auch kurze Pausen dienen einer kurzen Entlastung, dann sagt der Kopf oben „Weiter".

Für mich ist dieses innere „Weiter" der entscheidende Nerv und Quell der Resilienz. Sich der eigenen Kraft bewusst zu sein bzw. diese auszubauen, zu nutzen, voranzugehen. Im Weitergehen, im Weitermachen dreht sich der innere Motor weiter, er nimmt uns selber mit.

Und immer wieder innehalten, um sich mit allem und sich selbst zu verbinden.

Und natürlich schweife ich an solchen Tagen gedanklich zu den Menschen, die auf der Flucht sind. Meine Ausrüstung ist super, der Rucksack passt perfekt, die Schuhe sind eingelaufen und auch für hochalpine Passagen geeignet. Heute habe ich ein paar Kilo mehr dabei, weil ich im Tal Proviant geladen hatte. Dennoch trage ich diese Last nur einige Stunden, habe abends ein Bett und eine warme Dusche.

Ein Flüchtling ist meist voller Angst, trägt die letzten Habseligkeiten auf dem Arm, ein Kind, mit der anderen freien Hand das andere Kind. Mit viel Glück noch ein Handy, etwas Proviant.

Die größte Last wird der Verlust der Heimat sein, die ungewisse Zukunft, das Gefühl, ausgeliefert zu sein.

Diese Menschen haben so sehr meinen Respekt.

Und weiter gehe ich den Gedanken zum eigenen Leben nach. Es gab in meinem Leben mehrfach „schwere Zeiten", auch einmal Zeiten, in denen ich nahezu alles Materielle verloren habe bzw. hergeben musste.

Ich habe daraus das gelernt, was ich auch wieder erfahre und anwende:

„Du bist immer deine eigene Kraft, ob körperlich, seelisch oder mental.
Der Weg, den wir gehen, auf die Art und Weise, wie wir ihn gehen, ist der unsere.
Ebenso die Erlebnisse auf diesem Weg, die uns keiner nehmen kann."

Und ebenso die Erinnerung an die glücklichen, die bewegenden Momente, sie sind meist aus nicht-materieller Energie entstanden. Nächte am Meer, nach einem Mondlichtbad am Strand liegend, mit den Sternen über dem Kopf. Zelten an der Spitze Neuseelands, tagelang schreiben und große Muscheln finden. Die Geburt meiner Tochter und das Geschenk, sie aufwachsen zu sehen. Um nur mal drei Aspekte von vielen zu nennen. Alle sind sie in mir – die kostbaren Erinnerungen. Die inneren Kräfte und Gaben.

Platt, müde, wunderbar erschöpft komme ich auf der Kreuzwiesenalm an. Und fast gleichzeitig mit dem Hinsetzen und „alle Viere von mir strecken" sind die Strapazen des stundenlangen Aufstiegs vergessen.

*1233 Höhenmeter, mehr als 25 Kilometer und fast 9 Stunden Wanderung finden ihren Abschluss mit einem krönenden Blick auf die Dolomiten. Ich bleibe noch so lange draußen sitzen, bis mir eindeutig zu kalt ist. Es ist atemraubend, wie schön es hier ist.*

Mit einer warmen Suppe im Magen falle ich wenig später in das romantische Bett unserer kleinen Holzstube. Schlafe selig ein und blinzele vom Bett aus in den Sternenhimmel.

# Tag 14 – 9. Juli:
# Von der Kreuzwiesenalm zur Würzburger Hütte

Ein Tag wie kein anderer. Aber das kann ich zu allen Tagen hier sagen.

Ich bleibe länger in meinem rot-weiß-karierten Bett liegen, schreibe noch so vor mich hin, frühstücke Joghurt und Apfel im Bett. Es ist gemütlich, mit Blick auf die Berge, den Peitlerkofel, der vor mir liegt. Für mich ist das wieder eine der Situationen, in denen ich für mich sein kann, meine ganz eigene Geborgenheit lebe. Heute kann ich mir auch Zeit lassen, denn wir haben keine so lange Wanderung vor uns.

Die Hütte, nämlich die Schlüterhütte, auf die wir wollten, hat an diesem Wochenende keine freien Betten mehr. So haben wir uns entschieden, heute nicht so weit zu gehen, dafür dann morgen wieder ein paar mehr Kilometer draufzulegen. Somit kann ich mir noch Zeit lassen.

Es tut mir sehr gut, hier so eigenverantwortlich zu sein und mir „nichts zu Schulden kommen lassen".

Denn wie schnell fühlen wir uns im Alltag verpflichtet, wie oft machen wir etwas nur anderen zuliebe oder stehen in der Schuld von jemandem. Oder wir denken, wir stehen in der Schuld. Mit der Folge, dass wir uns unfrei und verpflichtet fühlen.

Hier kann ich das nicht finden. An den Tagen, an denen ich mit Marita wandere, haben wir eine sehr feinfühlige Abstimmung. Jede darf sagen, wann sie etwas braucht, und wenn es das Alleinsein ist. In dieser Reinform erlebe ich es selten. Viel zu schnell sind Mitmenschen verstimmt.

Aber noch einmal zurück zum Thema Schuld. Wenn uns Schuldgefühle auf der Seele lasten, neigen wir dazu, uns blockiert und auch geschwächt zu fühlen.

*Selbst in den schönsten Momenten können wir Menschen uns selbst sabotieren, denn es reicht, darüber nachzudenken, etwas Schlechtes getan zu haben.*

So könnte ich ja gerade denken, dass ich etwas Schlechtes tue, weil ich noch im Bett lümmele. (Dabei lümmele ich nicht, da ich ausruhe, mich sammele, Texte schreibe …)

Schuldgefühle stellen sich doch oft gerade dann ein, wenn es eigentlich schön sein sollte.

Ganz unter dem Motto: „Hätte ich keine Schuldgefühle, dann … könnte ich einfach länger schlafen, … brauchte ich heute keinen Sport zu machen, … brauchte ich nicht zur Verabredung zu gehen, … könnte mir das Schmuckstück kaufen, welches ich mir schon so lange wünsche, … könnte ich den Spaziergang alleine machen …"

Wenn ich länger darüber nachdenke, dann gibt es für mich einen Unterschied zwischen Scham und Schuld, doch oft mischt sich das so im Alltag, im zwischenmenschlichen Getümmel und Miteinander.

Ich assoziiere mit Scham den Blick und die Wertung der anderen auf mich. Meist tragen sie dazu bei, dass wir uns minderwertig, klein und unwichtig fühlen.

„Was denken die anderen über mich, wenn ich z. B. jeden Tag meine Socken im Waschbecken wasche, einen faltigen Bauch habe oder einen Rechenfehler beim Bezahlen der Rechnung gemacht habe."

Schuld ist da schon etwas anderes.

Aber bin ich schuld daran, wenn Marita wütend wird, weil sie dachte, ich würde mit zum Frühstück kommen? Ich weiß, es ist der Klassiker: Brot, Käse und Kaffee. Kein Obst oder so. Oder handelt es sich tatsächlich um eine Verfehlung, um ein Unrecht, das ich jemanden angetan habe? Schuld hätte ich, wenn ich ihr die Schnürbänder der Wanderschuhe zerschnitten hätte.

Wenn ich weiterdenke, dann gibt es berechtigte Schuldgefühle und sol che, die überflüssig sind. Erstere sind die, wo ich wirklich ein Fehlverhalten hatte, wo es reales Unrecht gab. Da habe ich zum Beispiel jemandem Schaden zugefügt.

Die überflüssigen Schuldgefühle sind die, wo es objektiv keine Verfehlung gibt.

Hier gerade füge ich niemandem Schaden zu. Marita kann tun und lassen, was sie will. Ich habe kein schlechtes Gewissen.

Es kann mir also auch niemand Schuldgefühle einflüstern.

Da kommen mir dann die Erinnerungen an „Du bist schuld, dass Mama traurig ist …"

Die Mutter einer Freundin meiner Tochter sagte ihr schon recht früh mehrfach pro Woche: „Du bist schuld, dass ich wieder Kopfschmerzen habe."

Oder der alte Vater einer nahen Freundin sagte doch allen Ernstes: „Du bist schuld, dass ich nachts wachliege, weil ich mir Sorgen um dich mache." Wohlgemerkt, er macht sich Sorgen, weil seine 50-jährige Tochter ihr Leben anders lebt, als er es kennt und gutheißt.

Letztendlich sind diese Schuldzuweisungen oder Schuldeinflüsterungen Manipulationen. Menschen versuchen damit, Macht über andere zu bekommen oder sich zu bevorteilen.

Ich erinnere eine Situation aus dem letzten Sommer, da war ich für einige Tage an der Ostsee, nördlich von Rostock. Auf meiner morgendlichen Laufrunde kam ich an einem Tag über den Campingplatz in Graal-Müritz und sah eine Mutter mit Kind. Das Kind konnte gerade so laufen und schien, wie die meisten Kinder in diesem Alter, vom Scheitel bis zur Sohle glücklich darüber, dass es laufen konnte. Es lief also – so wie es laufen wollte, die Mutter hintendrein. Es kam, wie es kommen musste. Das Kind stolperte und plumpste hin. Ein wenig verdutzt guckte es aus der Wäsche. Das Weinen kam erst, als die Mutter sagte: „Selber schuld, du wolltest hier ja lang!" Diese Situation vergesse ich so schnell nicht. Das Kind war voller Freude ob des Laufens, es plante seine Wege auf diesem Campingplatz noch nicht, um die diversen Risiken einzuschätzen, die es auf allen möglichen Wegen gab. Vermutlich war der seelische Schmerz größer als der körperliche.

Ich werde heute mal darüber nachdenken, wann ich das so mache: andere Menschen via Schuldzuweisung zu manipulieren und mir damit einen Vorteil zu verschaffen. Und auf der anderen Seite hellhörig zu werden, wenn das umgekehrt passiert.

Danach starten Marita und ich zu einer Tour, die nicht wirklich ein Kracher ist. Es ist eher eine bequeme Route, und diese führt noch dazu über gemächliche Almen, weite Wiesen. Kühe, Blicke weit in alle vier Richtungen. Ich will die Eindrücke nicht schmälern, nein, keineswegs. Wäre ich eine Künstlerin, hätte ich hier alle fünf Meter einen geeigneten Platz für die Staffelei gefunden. Das Panorama, der Blick in alle Richtungen ist umwerfend. Von weitem kann ich sogar Bruneck sehen, einen Ort, den ich von der damaligen Radtour kenne. Bin ich jetzt schon so alt, dass ich wehmütig werde, wenn sich meine Lebenswege kreuzen? Vermutlich ja, beantworte ich mir diese Frage selber.

Was tun Marita und ich, während wir so schlendern?

Wir verweben Lebensgeschichten ineinander. Nachdem wir nun schon den siebten Tag und viele Kilometer auf dieser Route unterwegs sind, haben wir uns viel erzählt und viel geschwiegen, was manchmal noch mehr über jede von uns erzählt.

Jede von uns hat schon einiges an Lebensgeschichten erlebt, neben den amüsanten, auf den ersten Blick bereichernden Anekdoten teilen wir uns auch die größeren Dramen und Geschichten mit. Kapitel, die lieber nicht ans Licht wollen oder eben nicht die Vorzeigestücke sind. Dennoch sind wir zwei sehr individuelle Frauen, denen ins Gesicht geschrieben ist, dass nicht alles Friede, Freude, Eierkuchen ist. Vielmehr erzählen unsere Geschichten von Überwundenem und von den Kräften, die aus Krisen gewachsen sind.

Leben eben!

Es tut uns gut, in der Gemeinsamkeit dieses Weges davon zu erzählen, webt es doch die Matte unseres Abenteuers fester. Das wird sicher auch später eine verbindende Wurzel unserer Freundschaft sein. Zugleich bin ich berührt davon, wie einfach es ist, eine tiefere Verbindung zu einem vorher fremden Menschen herzustellen. Geschichten haben wir alle, trotz der Vielfalt unserer jeweiligen Lebensgeschichten gleichen sie sich dann doch wieder – zumindest ein wenig.

Eine Frage bleibt den ganzen Tag über wie der Nachgeschmack von Honig auf der Zunge – selbst Stunden später noch. Was wären wir ohne unsere Geschichten? Wer wären wir ohne unsere Ahnen, ohne unsere Familien und ihre Verstrickungen? Wer wären wir, wenn wir komplett frei wären und wie wäre das? Woran würde ich das spüren?

Eine Frage, die wir länger erörterten, war die, wie Menschen im Freundes- und Bekanntenkreis darauf reagieren, wenn Menschen in eine Krise oder schwere Zeit kommen. Ziehen sie sich zurück? Halten sie traurige Stimmungen aus? Wer ist Freund, wer nicht? Wer bleibt, wer geht? Wer kommt dabei an die eigenen Grenzen, und wer bleibt gelassen und zuversichtlich?

Je mehr das Gegenüber, also der begleitende Mensch, auf seiner oder ihrer emotionalen Klaviatur spielen kann, desto leichter fällt es, für jemanden da zu sein, ohne durch eine persönliche Befindlichkeit befangen oder hilflos zu sein. Ohne Mitleid also.

Für mich bestätigt sich wieder einmal, dass jeder Mensch seine Phasen von Krise, von Schwere und Zweifel oder Verzweiflung hat. Durchreiten wir diese, statt sie zu verdrängen, wachsen wir in unserer Persönlichkeit. Jedes Mal ein bisschen mehr. Maritas Geschichte, die sie mir heute anvertraut hat, erzählt genau davon. Ohne durch diese Krise zu gehen, wäre sie jetzt nicht hier. Mir wird sie durch dieses Stück Geschichte noch einmal mehr bedeutsamer und sympathischer.

Ihre Geschichte war schwer, es hat sie sehr mitgenommen, dennoch ist sie überwunden.

So ist in ihrem Leben wieder Zeit für Lachen und Leichtigkeit. Ihre jetzige Wanderung von München nach Venedig ist ein weiterer Weg ihres Wandels in eine neue Zeit. Sie ist im wahrsten Sinne „Meisterin beider Welten".

Nachdem ich ihre Erzählung in der Gänze aufgenommen und verstanden habe, lachen wir.

So lachen wir bestimmt eine Stunde, über uns, über bisherige Erlebnisse auf der Tour, über Loriot.

Bei all den An- und Abstiegen hier in den Bergen kommen mir die beiden Klavierträger in den Sinn, die immer wieder dieses Klavier in das Wohnzimmer bringen, während der Hausherr sagt: „Ein Klavier, ein Klavier, Mutter, wie danken dir!" Sie müssen sich ähnlich erschöpft fühlen, wie ich mich nach einem Aufstieg fühle.

Aber dies ist nur der Anfang, wir rekapitulieren diverse Szenen aus seinen Filmen und haben eine diebische Freude daran.

Eine köstliche Stunde, um einer langen, wunderschönen Wanderung mit Dolomitensicht noch eine besondere Würzung zu geben.

Dieser Tag war einzigartig. Merci dafür.

## Nachsatz 1

Was denken wir Menschen übereinander?

Nun bin ich seit sieben Tagen fast rund um die Uhr  neben einem mir bis dato vollkommen fremden Menschen.

Am Tag 6 und 7 sprachen wir neben vielen schönen Momenten in unserem Leben über den Tod.

Der Tod ist hier allgegenwärtig, denn nach wie vor finden sich allerorten Hinweise, wo und wie Menschen verstorben sind.

Ich erzähle von der Trauerrede anlässlich der Beisetzung meiner Mutter und auch von dem Text, den ich für einen verstorbenen Freund schrieb.

Marita meint, ich könnte eine gute Trauerrednerin sein. Ich bin dankbar für diese Rückmeldung und kehre ein wenig ein in mich.

Und wieder greife ich den Gedanken auf, den ich seit Tagen in mir bewege.

Als Überschrift könnte dort stehen: „Authentizität", dieser ewig verwendete Begriff – fast schon inflationär –, dennoch scheint er passend zu sein.

Klar stellt sich hier fast jeder, der im Schweiße seines Angesichts die Berge durchwandert, die großen Fragen des Lebens. Und daneben haben auch die kleinen Fragen ihren Platz.

Für mich wird mit jedem Tag klarer, dass wir uns eine Weile noch etwas vormachen können, ohne dass es jemand merkt. Du kannst mit

Statussymbolen und Erfolgsberichten einen Bohei um dich schaffen. Auch kannst du dich – ob selbst ernannt oder nicht – Experte für etwas nennen.

Wenn wir dann aber Stunden und Höhenmeter lang neben einem anderen Menschen wandern, dann zeigen wir unsere wahre, echte Expertise zu etwas.

Denn wir können plötzlich schnörkellos und unmittelbar über etwas reden.

Erlaube ich mir nun, diese Erkenntnis auf meine Zunft der Redner, Trainer, Coaches zu übertragen, dann stelle ich fest, dass an dem Satz „Du kannst mich nachts um 3 Uhr wecken, und ich sage etwas zum Thema xy (Herz- und Magenthema)" viel Wahres dran ist.

Auch bestätigt sich hier am Berg mein Kernsatz: „Ich könnte nackt trainieren." Damit meine ich, dass ich ohne alles meine Themen transportieren könnte und kann.

Für mich kommt solch eine Mehrtages- oder gar Fernwanderung einer Status-Fastenkur gleich. Sie zeigt mir so überzeugend, dass wir Menschen alle irgendwie gleich sind. Zumindest gleich wert!

Weniger ist mehr – eine Botschaft, die ich mir gerne immer wieder mal zu eigen mache – stimmt für mich nach solch einer Tour noch viel mehr.

Der Abend gehört Marita und ihren Eltern, die hier an der Würzburger Hütte überraschend zu Besuch kommen. Zauberhaft, sie schlafen hier oben in ihrem Wohnmobil – da geht bei mir die nächste Kiste an Erinnerungen auf.

Nach dem gemeinsamen Essen ziehe ich mich gerne zurück und genieße die Zeit im Zimmer. Zeit, um zu telefonieren, Zeit, um zu schreiben, Zeit, die Füße hochzulegen und auf die Unterseite des Bettes über mir zu starren, bis ich wunderbar einschlafe. Alles hat seine Zeit – geht es mir durch den Sinn, während ich einschlafe. Ein Satz, der auf meinem Ring am rechten Finger verewigt ist.

Es hat alles seine Zeit.

## Nachsatz 2

Heute ist einer der besonders glücklichen Tage.

Fasse ich zusammen, warum ich heute so intensiv glücklich gewesen bin, dann sind es diese Erfahrungen:

Ich war sozusagen im Hier und Jetzt, ich habe viele „im-Moment-sein"-Momente gehabt.

Gelassenheit war eine der Hauptgefühlslagen des heutigen Tages.

Ich war mit mir und dem Erleben der äußeren Welt im Einklang, vorbehaltlos bin ich vorwärts gegangen. Einfach den Weg weiter, ohne Sorgen, ohne weiter nachzudenken.

Auch – oder gerade – weil nicht alles spektakulär ist an einem Tag wie heute.

*Genügsamkeit, stilles, einfaches Glück. Käse und Brot.*

# Tag 15 – 10 Juli:
# Von der Würzburger Hütte zur Puezhütte

Diesen Text schreibe ich vor der Dusche. Nein, nicht alles, nur den Anfang dieser Zeilen. Es ist schon Abend. Da warte ich hinter einem jungen Mann aus Dänemark, der mit seinen Eltern hier ist. Wir plaudern ein wenig, vertreiben uns die Wartezeit, lächeln uns an, sagen wieder nichts.

Eine – fast schon – abstruse Situation, in der ich mich gerade befinde. Denn diese Hütte ist wirklich sehr speziell und ich kann froh sein, jetzt überhaupt duschen zu können. Manche Zeiten – da geht es gar nicht!

Aber jetzt erst einmal noch der Blick zurück auf den Morgen dieses Tages, der gefühlt schon wieder drei Tage her ist.

Er nahm seinen Anfang in der Würzburger Hütte, die eigentlich ein 3-Sterne-Hotel mit überholungsbedürftigem Service ist. (Als Trainerin, die beruflich oft in Tagungshäusern unterwegs ist, konnte ich mich kaum zurückhalten, hier keine Bemerkungen und vor allem kein Angebot abzugeben – der Service und die Organisation waren in meinen Augen absolut bedenkenswert. Aber ich habe es nicht getan, weil ich es lächerlich finde und außerdem in anderer Mission unterwegs bin.)

Hier ist eines der schönsten Beispiele: Erst nachdem ich meine Eier in einem putzigen Eierkochautomat fertig gekocht hatte, las ich das Schild mit dem Hinweis, dass Eier auf 2000 Meter Höhe eine Minute länger brauchen.

Auch die Qualität des Internets entsprach nicht meinen Erwartungen.

## Internet in den Bergen

*Was für eine bourgeoise Frage bzw. Annahme!*

*Internet in den Bergen bzw. den Dolomiten.*

*Das Internet ist mir hier – trotz des geliebten Purismus, dem ich so gerne in allen möglichen Varianten und Facetten fröne, ein wichtiger Weg in die Welt und in meine ganz persönliche Geborgenheit.*

*Ich weiß natürlich um die Schattenseiten des Internets. Gerät es außer Kontrolle, verlieren wir das rechte Maß, den gescheiten Umgang, verlieren wir uns darin, verhalten wir uns im Umgang mit anderen Menschen anders, als wenn wir ihnen gegenüberstehen, so ist es kein gutes Werkzeug.*

*Ein falsches Machtgefühl, Betrug, Scheinwelten, Cybermobbing. Missbrauch aller Art sowie auch ungehöriges Benehmen zähle ich zu den hässlichen Seiten des Internets.*

*Doch hier, in der Abgeschiedenheit der Berge, bringt es meine Welt in Funken und Zipfeln noch einmal anders zusammen. Meine Welt wird kleiner, ich fühle mich durch das Internet verbunden, nehme ab und an ein wenig teil und kann auch meine Kontakte und Beziehungen pflegen. Was heißt pflegen?! Mich mit den Menschen, die mir wichtig sind, verbunden fühlen. Alles in meiner kleinen Welt des Handys. In manch einsamem Moment am Abend oder in der Nacht ist der Austausch von Nachrichten wie ein Vogel auf dem Fensterbrett, er bedeutet Nähe und Kontakt.*

*Doch hier über die Netzqualität zu klagen möchte ich jetzt in die Schublade tun, auf der außen das Schild klebt:*

*„Jammern auf hohem Niveau".*

Anderes ist mir wichtiger, bedeutungsvoller. Denn hier war heute Morgen quasi der Einstieg in die Dolomiten. Gleich zu Anfang galt es, den Peitlerkofel einzunehmen, ihn ein Stück weit zu umrunden, um dann an einer Scharte aufzusteigen. Viele Höhenmeter in kurzer Zeit.

Schweißtreibend – dennoch traumhaft schön. Einen Haken allerdings gab es: Wir waren nicht allein. Es war Sonntag, ein – dank Wetter – prächtiger Ausflugstag, der Scharen an leicht bekleideten Italienern anlockte. Verständlich, der Parkplatz an der Würzburger Hütte hatte Platz für viele, viele Pkws, mindestens ebenso viele Motorräder und natürlich Reisebusse. Damit war ein leichter Zugang in diese Bergwelt möglich, die ich jedoch zu Fuß erobere.

Der Aufstieg war extrem schweißtreibend, die Sonne brannte, es war weitaus wärmer als in den letzten Tagen. Mehr und mehr Menschen entblätterten sich, allen voran die Männer.

Oben angekommen, machen wir eine kleine Pause, essen das erste Brot des Tages und schauen dem bunten Treiben zu, welches an einen Klassenausflugsort erinnert. Ein buntes, überwiegend italienisches Volk versammelt sich hier, um ebenfalls Brote zu essen, Fotos zu machen und Kinder spielen zu lassen.

Die Hitze nimmt zu. So kommt es dann auch, dass mindestens 6 von 18 Männern ihre Oberkörper entblößen, um sie zu sonnen oder zu lüften. Ich staune nicht schlecht, aber das scheint hier im katholischen Italien normal zu sein. Verhohlen mache ich Fotos, allzu skurril ist es, denn die entblößten Männer mit dickem Bierbauch sind in der Überzahl, die Durchtrainierten halten sich eher zurück.

Von all diesen Menschenmassen fühle ich mich überrumpelt. Das sind mir zu viele. Der Lärm ist weitaus größer, als dass ich ihn noch wegblenden kann. Der erste Tag, an dem ich mit solch einer Meute an Menschen wandere! Marita geht es ähnlich, wir suchen die Ruhe, und so geht es gleich weiter. Jedoch machen wir einen kurzen Zwischenstopp an der Schlüterhütte, ich lade meine Geräte auf und nutze das Internet. Lese die Erinnerungen an die Berg- und Wanderführer, blättere im Hüttenbuch. Eine sonntägliche, leicht vertrödelnde Stimmung.

In dieser Hütte hätte ich so viel lieber übernachtet als in der Würzburger Hütte. Hier ist es urig, liebevoll, auch familiär. Sonntagsstimmung, die beiden Mädchen der Herbergsfamilie tragen hübsche Dirndl, während sie beim Servieren helfen. Der Stolz in ihrem Gesicht wiegt nach meinem Verständnis mehr als eine mögliche Unlust, hier zu helfen.

Der Wirt lässt uns so lange sitzen, wie wir wollen, obwohl wir nur eine Kleinigkeit bestellt haben. Ein feiner Zug von ihm, wie ich finde. Hier könnte ich noch länger bleiben, doch die Route, die mich jetzt erwartet, flößt mir Respekt ein. Respekt ist die freundliche Formulierung.

Eigentlich habe ich Angst. Richtig große Angst.

Also den Rucksack auf und hinaus in die Sonne und weiter in Richtung Roa-Scharte.

Vorher wusste ich nicht, was Scharten sind. Jetzt verstehe ich es.

Der Begriff Scharte steht für einen Einschnitt in einem Grat- oder Kammverlauf. Von weitem sieht es so aus, als wäre es eine Art Kuhle zwischen zwei Gipfeln, aus der Nähe betrachtet wird dann deutlich, dass es eine Art Halde ist, die es hoch- oder abzusteigen gilt.

Bange halte ich immer wieder an und starre auf die Berge vor mir, so richtig kann ich den Übergang, der vor mir liegt, nicht erkennen.

In meinem Wanderführer heißt es: „Fast schon zu steil wirkt es aus der Ferne, später werden wir erleichtert feststellen, dass der erste Eindruck einmal mehr getäuscht hat."

Dennoch wandelt sich mein anfänglicher Respekt in Furcht. Wieder einmal bezeichne ich mich selber als norddeutsches Flachlandmädel und habe große Ehrfurcht vor diesem Anstieg. Ein falscher Tritt und es ist vorbei. So scheint es mir. Von weitem wächst meine Ehrfurcht. Neben dem steilen Anstieg machen mir die Rutschgefahr und die auftauchenden grauen Wolken Angst, die möglicherweise eine schlechte Witterung mit sich bringen.

Wir gehen den Aufstieg an, und ich arbeite mich Schritt für Schritt hoch. Die gesamte Kraft wird für diese Kopf-Fuß-Arbeit gebraucht. Jeder Schritt muss sitzen. Es ist ungeheuer intensiv. Ich kann nichts anderes denken, als diesen Aufstieg zu bewältigen.

Diese Konzentration und Achtsamkeit ist erforderlich, in gewisser Weise anstrengend, zugleich auch entlastend, weil ich nur eine Sache mache. Körper, Geist und Seele haben eine gemeinsame Aufgabe, sie ziehen an einem Strang, nicht wie so oft im Alltag, dass der Kopf etwas anderes macht als der Körper.

Zwischenzeitlich bleibe ich stehen, um die grandiosen Ausblicke in diese einmalige Landschaft und Umgebung in mir aufzusaugen.

Ich möchte jeden Moment festhalten, alles scheint angesichts dieses hochalpinen Ökosystems seinen Platz zu haben. Murmeltiere pfeifen, Blumen werfen all ihre Farbenpracht auf das Grün der Wiesen und die weiß-grauen Varianten der Steine.

Während Raben – oder sind es Krähen? – krähen, stellen sich die Wolken für wechselnde Schattenspiele zur Verfügung.

Meine Angst ist mehr und mehr gebändigt, dennoch blicke ich voller Konzentration nach oben, wenn Marita, die vor mir geht, Steine zum Rollen bringt. Diese trudeln in fast schon anarchistischer Weise an mir vorüber. „Danke", denke ich innerlich, dass sie zwei Meter neben mir hinuntergehen und die nächsten Steine mit sich reißen. Ich erinnere die Mahntafeln all derer, die ein Steinschlag aus dem Leben gerissen hat. Und ich verstehe, wie Lawinen entstehen, sie fangen klein an. Der Aufstieg zieht sich, und in mir ist auch der Gedanke daran, dass dieses heftige Stück heute nicht alles ist. Es braucht Kraft und Mut und Durchhaltvermögen.

Wäre ich dieses Stück alleine gegangen, hätten mir die Knie geschlottert. Wahrscheinlich hätte ich hier keinen Solotrip gemacht, sondern mir einen Anschluss an andere Wanderer gesucht. Denn dies sind ja auch die Stellen, die als riskant bezeichnet werden, die man nicht alleine begehen soll.

Oben angekommen staune ich wieder einmal über diese Welt hier. Das ist kein Staunen mehr. Ich kann nur innehalten, die Göttlichkeit bewundern und diesen Moment niemals vergessen. Demut. Freude. Himmelhoch jauchzend, dramatisch, einzigartig. Staunen als Wort ist zu klein, ich kann es fast nicht fassen, dass ich das geschafft habe. Denn stolz bin ich nun auch.

Hier nun haben wir eine Entscheidung zu fällen, wie es weiter geht. Eine anspruchsvollere Strecke, die mit Klettersteigen versehen ist, sowie die Umgehung. In Anbetracht der Witterung, der aufziehenden dunklen Wolken und der Tageszeit entscheiden wir uns dann kurzerhand für die gemäßigte Variante, die allerdings eine echte Herausforderung ist. Ein Marathon ist – für mich – tatsächlich leichter zu laufen als diese heutige Tour. Die Angst steht für einen Teil des Unterschiedes. Beim Marathon gibt es am Ende eine Medaille, die Strecke ist oft schön und interessant, aber die Belohnung ist hier eine andere. Das Panorama, die Eindrücklichkeit der Berge beeindruckt mich im selben Verhältnis wie die Anstrengung.

Ich staune, wie weit – gerade bei solchen Teilstücken – die normale Alltagswelt entfernt ist.

Es gibt diese Wanderung, diese Berge und Täler unter meinen Füßen, die Routinen mit dem Gepäck, den Unterkünften und dem Proviant. Marita und ich sind ein Superteam.

Heute, als es ein recht gemächliches Wanderstück gab, stellte ich uns die Frage, warum wir seit einer Woche so gut zusammen auskommen. Die Konstellation unserer Sternzeichen – nein, das kann es nicht sein.

Ich bin der Meinung, dass hier zwei Frauen aufeinander treffen, die schon viel erlebt haben und die nur eine Aufgabe haben: wandern!

Keine Arbeit im üblichen Sinne, kein übliches Multitasking, keine vier Hochzeiten, auf denen wir tanzen. Eines nur, und das geht unter die Haut, an die Kraft, in die Seele und mitten ins Herz! Die täglichen Herausforderungen des Wanderns mit allem, was dazu gehört, lehren uns, Überflüssiges wegzulassen. Damit sind wir schlicht, einfach und schnörkellos. Warum sollten wir uns auch etwas vormachen?

Wir haben denselben Alltag, der sich zwischen spektakulären Alpenerlebnissen und Zwei-Paar-Wandersocken-waschen bewegt.

Vertraulichkeiten pflastern den Weg. Über die Alpen.

Es geht weiter bergauf, leichte Klettersteige und weitere Menschen. Eine Familie aus Dänemark, die sich ebenso langsam den Berg hoch schält wie wir. Abwechselnd bleiben wir stehen, blinzeln und lächeln uns das erste Mal zu, obwohl einige von uns schon die ersten Erschöpfungstränen in den Augen haben.

Eine weitere Welle der Beruhigung beeinflusst mich. „Gut, dass hier noch mehr sympathische Menschen sind", denke ich, als ich sie anspreche, wo sie herkommen. Alle ziehen sich eine Lage Kleidung über, der Sonntagabend wird langsam ungemütlich. Und während ich ihre Fotografin für ein schönes Familienfoto bin, erzählen sie mir, dass sie aus Dänemark kommen. Ich freue mich, denn ich mag Dänemark, ich habe viele Erinnerungen an meine unterschiedlichen Aufenthalte in Dänemark.

Es geht weiter. Zäh wird es, dennoch haben wir noch ein gute Stunde auf einem hoch gelegenen Plateau zu meistern. Ich verschwinde in der Geborgenheit meines roten Regencapes und tausche nur noch wenige Worte. Diese kleine, innere Abgeschiedenheit brauche ich, um diesen

Tag mit seinen Eindrücken in mir zu fassen, dem Moment seine Würde zu geben, mich an der Intensität dieses abendlichen Weges zu laben. Und ich möchte jetzt in der Hütte ankommen – egal wie es dort ist. Diesbezüglich bin ich ja bereits mit einigen Wassern gewaschen, sodass mich nichts mehr wirklich erschrecken kann.

Wenig später kommen wir, komme ich nun in der Hütte an. Hier ist Italien wieder intensiver spürbar. Denn es wird überwiegend italienisch gesprochen, ein paar Brocken dieser schönen Sprache kann ich nutzen, um mein Bett, meine Dusche und mein Essen zu bestellen. Alles andere geht auch auf Englisch. Kurz nach dem Eintreten wieder bekannte Gesichter. Man geht hier also nicht verloren. Hier auf der Puezhütte findet sich eine bunte, internationale Hüttengemeinschaft, die in stämmigen, teilweise dreistöckigen Etagenbetten untergebracht ist.

Die Hüttenwirtin steckt mich erst in eines der unteren Betten, ganz weit vorne, wo kein Licht, kein Fenster und keine Luft sind. „Hilfe", schreit es in mir. Ähnlich wie mein Vater bin ich ein Licht- und Luftwürmchen. So nennt mich meine Freundin und trifft es auf den Punkt. Ich brauche Licht und Luft um mich herum.

Ich zweifele, ob ich meine Platzangstsorgen zu bändigen weiß und nehme bangend oder mutig, je nachdem, einen zweiten Anlauf. Sie lässt sich erweichen, und ich bekomme das obere Bett, direkt am Fenster. Das ist schon mal gut. Und dann? Ein freundliches „Moin, moin" aus den Betten weiter oben. Zwei Hamburger. Wie schön. Heimatgefühle schlagen in meinem Herzen, sofort erzähle ich von Tante Anna und Onkel Hermann.

Onkel Hermann war mein Großonkel. Früher hat er als Lotse im Hamburger Hafen gearbeitet. Wenn ich dort zu Besuch war, nahm er mich in den großen Hafen mit. An seiner großen, festen Hand ging ich als kleines Mädchen das erste Mal zu Fuß durch den alten Elbtunnel.

Die Erinnerungen an Hamburg kann ich kaum zurückhalten, als ich mit den beiden spreche. Sie sind mir sehr sympathisch, auch die dänische Familie schläft hier in diesem Zimmer. 15 Menschen schlafen in diesem Raum, viele von ihnen sind mir sogleich in einem vertrauten, angenehmen Licht erschienen.

Eigenartig, wie leicht es mir heute gelingt, mich hier einzufinden.

Einige liegen in den Betten, ruhen sich aus, manche pflegen ihre Blasen an den Füßen oder schreiben, schauen auf Wanderkarten, sortieren ihre Siebensachen.

Das Verstauen meiner Siebensachen, das Ausbreiten meiner Dinge für die Nacht ist aufgrund der Kletterei über die Betten und Leitern recht anspruchsvoll. Aber der kleine Grappa, den Marita und ich zur Ankunft getrunken haben, sorgt für zeitnahe Gelassenheit. Nach dem Regen und der Kälte draußen tut er ebenfalls gut.

Auch eine Wäscheleine, die ich zwischen den Deckenbalken über meinem Bett spanne, sorgt für meine freudvolle Grundstimmung.

Das anschließende Duschen ist ein Abenteuer, ich warte bestimmt 15 Minuten. Aber ich habe ja das Handy und schreibe schon meinen Tagesbericht oder spreche mit einem der beiden dänischen Jungen. Hier ist alles sehr spartanisch. Die Waschräume sind mit alten, tragbaren Bidets ausgestattet, sie sehen aus, wie aus einer ehemaligen Klinik bereits vor dem 2. Weltkrieg entnommen.

Abgeschrammte Metallgestelle mit einer Plastikschüssel darüber, die sogar eine Ablagefläche für ein Stück Seife hat.

Die Gegenwart dieser Bidets lassen mich wieder einmal über das Duschen und die üblichen Duschgewohnheiten nachdenken. Eine kurze warme Dusche kostet hier vier Euro, in meinen Augen ein vollkommen berechtigter Preis.

Warmes Wasser hier aufzubereiten ist ein großer Aufwand, ebenso ist es nicht ganz ohne, hier oben überhaupt Trinkwasser zur Verfügung zu stellen. Ich frage mich, seit wann es diese Duschen gibt. Gab es in Zeiten dieser Bidets warmes Wasser oder schon Duschen? Mit welchen Ansprüchen sind wir modernen Wanderer hier auf den Hütten unterwegs?

In Anbetracht dieser aufwendigen Wasserzubereitung war es früher sicher einfacher, den Intimbereich mittels des Bidets zu säubern und zu erfrischen. Für das „oben rum" reichte dann der einfache Wasserhahn.

Die Waschräume werden von allen gemischt genutzt, eine Scham stellt sich hier irgendwie nicht ein. Die Bergwelt lehrt uns, zumindest mich, Genügsamkeit. Eine Genügsamkeit, in der alles da ist, was man braucht. Eine Genügsamkeit, in der die inneren Schätze spürbarer und noch tragender werden als sonst. Sinnerfüllung, Zufriedenheit, Demut, innerer Reichtum sind in meinen Augen so viel wichtiger als materieller Reichtum, als die Anschaffung weiterer Konsumgüter oder gar Statussymbole.

Was lehrt mich dieser Abend, diese Hütte? Es ist das Jetzt – in dem ich bin. Dieser Moment. Nicht das Morgen, sondern die Wahrnehmung dieser Minuten, dieser Stunden, dieser Eindrücke und unbedingt die Wahrung der Begegnungen hier auf dieser kleinen, sicheren Insel inmitten einer bizarren, fast schon unwirtlichen Bergwelt im Außen.

Wir alle hier in dieser Hütte können froh sein, hier oben in dieser abseitigen Welt einen sicheren Platz zu haben. So denke ich hier – jetzt – heute. Ja, und das sind gute Gedanken. Genügsamkeit fühlt sich gut an!

Später in der Gaststube könnte ich über den Lärm der vielen, vielen Menschen klagen. Voller Genugtuung nehme ich wahr, dass es mich nicht mehr stört. Es ist eine Art liebevolle, warme Hülle, in der ich mich bewege, statt dass ich mich darüber aufrege, warum alle so laut sind.

Denn das ist mein normales Verhalten – bisher! Erstaunlich, ich bin so voller Eindrücke, innerer Stille und Weite zugleich, dass mich der immense Lärm in dieser Hütte nicht mehr stört. Diese Erfahrung nehme ich als eines der größten Geschenke aus dieser Tour mit und freue mich jetzt auf die Veränderung in meinem späteren Alltag.

Und inmitten dieser alpinen, babylonischen Sprachverwirrung – angefüllt durch über 50 Menschen aus aller Herren Länder – finden Marita und ich eine Ecke, in der wir einfach nur sitzen. Das ist ja eine unserer besonderen Qualitäten. Beisammen sein, in die Situation um uns herum eintauchen. Jede für sich, dennoch nebeneinander. Wir essen die einfache Kost, schreiben jede auf ihre Art. Ich genieße den Rotwein, die Suppe, den Klangteppich der Stimmen und versinke in die Verarbeitung dieses einmaligen Tages.

Heute habe ich – wieder einmal – meine Angst bezwungen. Ich bin stolz und liebe das Gefühl, zu Fuß über die Alpen zu gehen, bis unter die Haarspitzen. Wohlig sitze ich auf meiner Sitzbank, genieße diesen Abend. Wenig später setzt sich ein Mann zu mir, wir reden ein wenig, tauschen uns über die unterschiedlichen Erfahrungen und Eindrücke aus, die wir auf unseren Wegen gemacht haben. Ein freundliches Gespräch, ein guter Kontakt. Ich könnte noch weiter „klönen", wie wir Norddeutschen es nennen. Doch dann bekomme ich einen Schreck. Das Licht flackert grell und flirrend. Alle in der Hütte sind irritiert, ich befürchte einen Stromausfall. Doch bin ich froh, als ich meine Stirnlampe in meiner Jackentasche fühle. Nach wenigen Minuten ist uns „späten" Gästen hier unten im Wohnzimmer der Hütte deutlich, dass es kein Stromausfall ist. Das dreimalige Flackern ist als geplant zu bewerten. Es ist also der Rausschmeißer, der sinnlich erfahrbare Beginn der Nachtruhe.

Fast gleichzeitig brechen wir alle auf, die kleine Stiege nach oben hinauf, Zahnbürsten und andere letzte Dinge suchend. Ein köstlicher Tumult, zumindest im Nachhinein so bewertet, im Moment ist es eher chaotisch, wenn nicht sogar beängstigend. Es ist sehr eigenartig, so im Dunklen auf der Toilette zu sitzen.

Würden wir diese nachfolgenden Minuten in einem Kinofilm sehen, würden wir den Regisseur für diese Einstellung sicher bewundern. Etwa 40 Menschen bewegen sich in den engen Gängen und Waschräumen, alle haben eine Stirnlampe auf. Das heißt, die Gesichter sind surreal beleuchtet, jeder schiebt einen Lichtkegel vor sich her. Beim Zähneputzen leuchte ich mir selber ins Gesicht, wenn ich in den Spiegel über der Waschbeckenwanne schaue. Hoffentlich werde ich diesen Moment immer erinnern, er ist voller Situationskomik.

Freudig stelle ich fest, wie routiniert ich bin, alle meine Dinge für die Nachtruhe dabei zu haben, selbst die Ohrstöpsel, die diese Nacht wieder zum Einsatz kommen, sind parat, trotz Dunkelheit. So liege ich um 22.20 Uhr im Bett. Bevor ich die Ohrstöpsel einsetze, belausche ich die Schafe, die hinten an der Hütte einen Platz haben, beim Gute-Nacht-Sagen. Der Regen prasselt leise, und ich hoffe, dass mir das Wetter morgen gewogen ist.

*Mein Fazit des heutigen Tages:*
*Der Angst ins Gesicht schauen.*
*Die Schuhe gut schnüren und einen guten Proviant an Bord.*
*Weitergehen und staunen, wie es mit dem nächsten Schritt aussieht.*

### Ein P. S. fehlt. Hier ist es.

Der Geruch, der sich aus diesen – sicherlich seit Jahrzehnten bewährten Wolldecken – in meine Nase stiehlt, brennt beim Atmen.

Ich weiß nicht, ob das förderlich ist.

# Tag 16 – 11. Juli:
# Von der Puezhütte zur Pisciadùhütte

Müde und fröstelnd schaue ich den Hagelkörnern zu, die draußen meterhoch auf der Holzterrasse hin und her springen. Was bin ich froh, jetzt im Warmen und Trockenen zu sein und nicht noch beim weiteren Aufstieg.

Heute haben wir nämlich am Nachmittag „blau gemacht".

Heute war DER Tag, an dem ich mich fragte, warum ich diese Tour eigentlich mache.

Heute stellte ich zudem auch fest, dass ich nicht mehr wandere, sondern bergsteige.

Der Tag beginnt friedlich, liebevoll und sanft. Ein wenig Regen schleicht sich in weichen Tropfarkaden fallend noch am Fenster vorbei. Die Schafe des gestrigen Abends beginnen draußen das Glöckchengeläut, und das Rascheln im Zimmer nimmt zu. Ein emsiges Getrappel vom Bett zum Bad und wieder zurück, die Lichtkegel der Stirnlampen spielen im Dunkeln, flüsternde Gespräche.

Mittlerweile habe ich diese Stimmungen sehr lieben gelernt. Jeder ist so leise wie möglich. Jeder von uns ist dort sehr unmittelbar, intim und sichtbar mit dem wenigen, was uns an Gepäck ausmacht. Eine große Ähnlichkeit verbindet uns. Und dennoch ist jeder einmalig und hat immer seinen eigenen Beitrag zum Leben zu leisten, jeder auf seine besondere, individuelle und einmalige Art.

Jeder hier hat seine Bestimmung, jeder hier hat sein eigenes Schicksal. Jeder ist zu Fuß hierher gekommen. Beruf, Titel, öffentliches Ansehen sind hier nebensächlich. Hier zählen der Wille und die Überzeugung, hier zu sein. Als Menschen. In aller Einfachheit einfach nur Menschen sein. Und sich mit diesem einfachen Menschsein den anderen zuzumuten, sich in Einklang mit den Bergen und ihren Anforderungen an uns einzufinden. Von daher haben wir hier diese Ähnlichkeit, obwohl jeder Mensch anders ist. Für mich hat das sehr viel mit Geborgenheit zu tun. Und mit Frieden.

Als ich dann aufstehe, erlebe ich eine ähnliche Stimmung wie am Abend zuvor, denn das allgemeine Licht steht noch nicht zur Verfügung. Aber was soll's. Es bleibt eine eindrückliche Erinnerung.

Ein wenig Panik beschleicht mich, als ich einen meiner insgesamt vier Wandersocken vermisse. Da hier die meisten Wanderer recht ähnliche Socken haben, werde ich gleich panisch, weil ich denke, es hätte jemand einen von meinen Socken eingesteckt. Aus Versehen versteht sich!

Aber schon eigenartig, andere Menschen so schnell zu verdächtigen. Den dürren Finger des Beschuldigens (oder Verdächtigens) auf jemand anderen zu richten, statt auf sich selbst.

Wie oft sind wir es selber, die etwas verlegt oder vergessen haben, die unsicher sind.

Ich auch. Mir sitzt vermutlich noch der Verlust von Fanti in den Knochen. In all den rot-weiß-karierten Bettdecken und Kissen habe ich ihn nämlich in meinem Bett auf der Kreuzwiesenalm vergessen. Der kleine Kerl. Und dieses Vergessen fiel mir erst auf dem Point-of-no-Return ein. Nun wird er mir per Post nachgeschickt. Was für ein Abenteuer für einen kleinen Elefanten, der über die Alpen gehen wollte.

Und der Verlust eines Wandersockens wäre ärgerlich, schade, fast schon unverzeihlich. Deshalb erwischt mich wohl auch die Panik und verdrängt die nötige Gelassenheit. Ich nehme mir noch einmal ein Herz und schaue sorgfältiger nach. Zum guten Ende hin finde ich ihn. Erleichterung.

Das Frühstück ist in der Hinsicht ein Gewinn, dass ich heute endlich verstanden habe, was Blümchenkaffee ist. Früher dachte ich, dass er aus bestimmten Blumen hergestellt wird, dann habe ich den Begriff aufgrund meiner Cappuccino- und Teeleidenschaft aus den Augen verloren. Heute morgen erlebe ich, dass es darum geht, die Blumen auf dem Boden der Tasse zu erkennen. Das geht eben nur, wenn der Kaffee entsprechend dünn ist.

Weiß- und Graubrot, in dicke Scheiben geschnitten, dazu Schmelzkäse und Marmelade in Plastikpackungen. Besser geht es hier in der Abgeschiedenheit wohl nicht. Mein Zusatzproviant in Form von Äpfeln und Joghurt, mit denen ich mir normalerweise das Frühstück verbessere, ist verbraucht. Die letzte Einkaufsmöglichkeit war in Pfunders. Das ist schon ein paar Tage her.

Dann geht es los, wir brechen auf. Richtung Grödner Joch.

Mein Regencape, welches ich so liebe und welches eine der wichtigsten Habseligkeiten ist, die ich hier mit mir über die Alpen trage, habe ich vergessen. Erst als ich vor der Hütte stehe und wie immer vor dem Start die letzten Dinge an Gepäck, Stöcken und Schuhen richte, fällt es mir auf. Gestern Abend hatte ich es an einen hirschgeweihähnlichen Garderobenhaken aufgehängt. Und nun atme ich erleichtert auf, als ich sehe, dass es dort noch hängt. Frohen Mutes gehen wir los.

Zu Beginn auf einem Plateau, ich nutze wieder diese Morgenstimmungsgedanken. Heute morgen tragen mich meine Beine erst sehr gut, sie sind zwar noch müde vom gestrigen Tag, dennoch liebe ich das kräftige, sehnige Gefühl, mit ihnen über die Alpen zu gehen.

Aber auch meine innere Kraft ist gewachsen, mancher Aufstieg in den letzten Tagen wäre ohne die eigene mentale Kraft nicht möglich gewesen. So sagt es mir auch meine innere Stimme zu vielen anderen Themen und Aufgaben meines Lebens. Je mehr wir uns als Schöpfer unserer eigenen Umstände, unserer Lebensumstände sehen, um so größer ist der Erlebens- und Gestaltungsrahmen unseres Lebens. Unsere Schöpferkraft ist Quelle für Veränderungen, für die Ausgestaltung unseres Weges.

So könnte ich mit trüben Gedanken durch die Berge gehen, ich könnte mir die Kopfhörer aufsetzen und ein Hörspiel oder eine Musik anhören. Ich kann aber auch meditieren, während ich gehe, schreiben, lauschen, den Wolken beim Schweben zuschauen und über die Arbeit hier oben in den Bergen nachdenken. Und noch vieles, vieles mehr.

Die eigene Schöpferkraft ist die Schwester der Verantwortung für uns selbst. Aus ihnen wächst die Selbstermächtigung. Wir ermächtigen uns, uns selber mit unseren Träumen, unseren Wünschen und Vorhaben zu ermächtigen, unser Leben zu gestalten und aus allem, was um uns ist, zu schöpfen. Ein wahrhaft künstlerischer Prozess.

So wie ich meine Route gehe, meinen Weg, mit meinen Schuhen Schritt für Schritt den Weg über die Berge gehe, nehme ich auch im Großen mein Leben in die Hand. Die eigene Selbstwirksamkeit zu erfahren erfüllt mich heute Morgen wieder einmal mehr.

Auch wenn die Gedanken – scheinbar – ein- und ausfliegen, so kann ich bestimmen, ob ich sie nähre, oder ob ich sie weiterfliegen lasse.

In Bezug auf mein Wandern leite ich daraus ab, dass ich entscheide, ob ich mich jetzt schon sorge, wie es in einer Woche sein wird und welche Hürden oder Schwierigkeiten ich dann zu nehmen habe.

Unbenommen von der Farbe meiner Konnotation ist die notwendige Portion Vorsicht und Vorausschau, um mein Leben hier in den Bergen nicht zu riskieren. Aber wer spricht mehr in mir? Die positive, optimistische Frau? Oder eher der Pessimismus, die Schwarzseherei? Das liegt in meiner Hand, in meiner Gabe, meine Welt als die meine zu kreieren.

Auch die Art und Weise, wie ich die Erlebnisse hier für mich aufbereite, bewerte und abspeichere, ist meine Entscheidung.

Eine Gelassenheit entsteht, wenn ich meine Gedanken disipliniere, wenn ich ihnen bestimmte Aspekte oder Bewertungen verbiete bzw. wenn ich mich beherrsche. Ich weiß, dass ich nicht perfekt bin, auch mit den Launen und Verhaltensweisen, die ich z. B. dann an den Tag lege, wenn ich überfordert bin.

Doch mehr und mehr gelingt es mir, Ruhe und Gelassenheit als Quelle für meine neuen Gedankenbahnen und Bewertungen zu nutzen. Ich alleine entscheide, ob ich z. B. eine langweilige Wegstrecke als solche bezeichne oder ob ich diese Zeit einfach zum Entspannen und Nachdenken oder Gedankenschweifen oder Meditieren nutze.

Ich kann mich auf das Wesentliche oder auch das Überflüssige konzentrieren. Ich darf auch meine bisherigen Bedeutungen und Bewertungen revidieren. Somit gebe ich den Ereignissen hier einen neuen, anderen Sinn. Das aber kann ich auch in Bezug auf mein ganzes Leben machen.

Somit hat auch diese schlichte Wegstrecke, wie ich sie jetzt mal nennen möchte, ihren Sinn.

Meine Füße berühren die Dolomiten. Voller Ehrfurcht stelle ich fest, dass ich auf einem Berg wandele.

In weiter Ferne sehe ich staunend und ehrfürchtig die anderen Giganten wie z. B. den Langkofel.

Ein wenig später steigen wir ab zum Grödner Joch. Tageswanderer kommen uns entgegen, Kinder, Erwachsene und viele ältere Menschen.

Unten angekommen findet sich ein turbulentes Touristentreiben. Restaurants, Cafés und Souvenirshops reihen sich aneinander und werden intensiv frequentiert. Zur Mittagszeit, die es jetzt schon ist, wird allerorten eingekehrt. Die Motorräder sind kilometerweit zu hören. Skipisten zeigen ihre Wunden, Lifte stehen menschenleer am Hang.

Mittag. Müde. Hungrig. Nicht nur müde in den Beinen, sondern auch im Gemüt. Die morgens noch so gepriesene innere Kraft hat sich zugunsten von Erschöpfung verzogen.

Wir essen hier nicht, sonst wären wir anschließend zu müde. Stattdessen einigen wir uns, später, weiter oben, wenn mehr Ruhe eingekehrt ist und wir auch schon ein Stück weiter gegangen sind, ein wenig zu picknicken.

Wäre ich ein Kind auf einem langen Sonntagsspaziergang, den mir meine Eltern auferlegt haben, so würde ich mich am liebsten auf den Boden werfen und weinend sagen „Ich kann nicht mehr". Geht aber nicht. (Bin schon groß). Ich bin auf mich angewiesen.

Mitten auf der Passstraße des Grödner Jochs schlapp zu machen, aufzugeben, ist ein denkbar ungünstiger Ort. Das ist das Gute daran, der Platz ist mir viel zu turbulent, als dass ich hier lange verweilen möchte. Der Gestank der Autos steigt mir schon seit einiger Zeit in die Nase. Die ist natürlich nach einigen Tagen in der unberührten Natur sehr verwöhnt und in höchstem Maße sensibilisiert, sodass die Abgase noch mehr riechen als sonst.

Aber somit ist es klar: Es geht weiter. Und vor uns liegt ein starkes Stück Arbeit. Es geht das Sellamassiv hinauf.

Wenn ich auf diese Übersichtswanderkarten oder auch die Panoramalandkarten schaue, die an solchen Ausflugsorten wie dem Grödner Joch stehen, dann schüttele ich innerlich den Kopf. Das Sellamassiv ist riesig, wie ein Koloss steht es mitten in dieser Bergwelt. Da will ich hoch? Drüber weg? Was für ein Ansinnen! Was für eine Leistung, die es zu erbringen gilt.

Danach erwischt mich „Flachlandmädel" der Zweifel und auch eine gewisse Mutlosigkeit, denn es geht nun wieder eine dieser extremen Scharten hinauf. Ein rutschiger Aufstieg, ein geröllhaltiger, kleinpfadiger Weg, der zum Ende fast schon ein Klettersteig ist.

Mich nimmt das mit. Ich bin eher erschöpft als glücklich, weil auch der Piz Boè da oben auf mich wartet.

Das ist wieder einer dieser Momente, in denen ich so viel Respekt erfahre, dass ich mich klein und schmächtig fühle.

Ich weiß, dass sind nur meine Gedanken im Kopf. Ist die dünne Luft daran schuld?

Auch die bisher gesammelten Wanderweisheiten vermitteln mir nicht den erforderlichen Ansporn. Ich habe schlicht und einfach keine Lust mehr.

Das aber macht – mitten auf solch einer Tour – wahrhaftig keinen Sinn.

Denn ich weiß ja auch, dass ich es schaffe. Aber Ehrfurcht scheint mir in Anbetracht dessen, was jetzt vor mir liegt, ebenso angemessen wie die Sanftmut, mich diesem Weg anzuvertrauen.

Und wie so oft, bringt das einfache Voranschreiten den nächsten Schritt, die nächste Höhe, den weiteren Ausblick von erklommener Höhe. WOW. Ich habe wieder meinen Mut gefunden, meine Seele, mein Herz, und auch meine Beine wollen weiter.

So stark wie hier habe ich es noch nie erlebt. Einen Fuß vor den anderen setzen, das ist die einzige Möglichkeit, voranzukommen. Auch wenn die Kraft nachlässt, brauchen wir Beherztheit und den Glauben an das Weitergehen. Und bereits beim ersten Schritt stellt sich etwas Neues ein, wir sind weitergekommen. Einen nach dem anderen.

Sähe ich mich von weit oben, vielleicht mit einem extremen Fernglas aus einer Raumkapsel herausschauend, wäre ich vermutlich ein klitzekleiner Punkt, der sich Kehre für Kehre diesen Berghang hinaufwälzt.

Bedächtig gehe ich, schlicht und einfach. Kehre für Kehre bezwinge ich das Sellamassiv.

Was für ein Gefühl. Aufregend und erhaben, so kann ich es beschreiben.

Dann wandelt sich auch der Weg, die Anzahl der Trittstufen wird größer, Steighaken mehren sich, und ich muss mich neu orientieren. Nun wird nicht mehr gewandert, es wird geklettert. Das hier ist noch kein Klettersteig, an dem ich Haken und Seil brauche. Dies ist die Vorstufe dazu, aber sie fordert mich auch heraus.

Ich staune, welchen Weg dieser Berg erlaubt bzw. freigibt. Von unten konnte ich nicht ahnen, auf welch dünner Spur ich hier hochkraxele. Jedes Gramm im Rucksack fordert nun seinen Tribut.

Der höchste Punkt des Sellamassivs ist der Piz Boè, mit seinen 3152 Metern ein mächtiges Geschöpf. So weit hinauf will ich jetzt gar nicht. Wir planen den Anstieg zur Pisciadùhütte, sie liegt zu Füßen des Gipfels auf einer Höhe von 2873 Metern.

Während des waghalsigen Aufstieges beeindrucken mich diese Zahlen. Und wenn ich dann noch die Wolken sehe, die sich mehr und mehr über mir versammeln, bange ich noch mehr.

Doch alleine der Weg bis zu einer passablen Zwischenhöhe ist ein Stück Arbeit. Aber eine schöne Arbeit. Der Aufstieg wird nun immer waghalsiger, ich ziehe mich an Stahlseilen hoch, habe auf jeden Tritt zu achten und bin dabei hochkonzentriert. Dennoch zuversichtlich, erfüllt und mutig. Ein falscher Tritt und ich rutsche ab.

Andere Wanderer kommen hinter mir, an mir vorbei, andere von oben. Dabei sind müde, glückliche, ängstliche, erschöpfte, angespannte, aufgeregte, ehrgeizige und zufriedene Gesichter. Ich nehme eine interessante Stimmung wahr, sie bewegt sich zwischen Solidarität, Wettkampf und Neugier. Genauer vermag ich es nicht zu benennen. Manche Begegnung nutze ich für einen kurzen Plausch, andere für ein ermutigendes Zulächeln. Andere ziehen an mir vorüber, ohne dass ich es wirklich merke, so konzentriert bin ich zwischendurch.

Oben angekommen, laufen mir, ohne dass ich es verhindern kann, die Tränen über die Wangen. Was für ein Moment, unvergesslich. Eine Aussicht, eine Erfahrung, als menschlicher Winzling auf diesem Massiv zu wandeln, es zu erklimmen.

Dankbarkeit über den heilen Aufstieg erfüllt mich, meine starken Emotionen baue ich durch unzählige Fotos ab, die ich mache. Ein Keks, ein Salamistück, ein Müsliriegel. Zehn Minuten mit dem Fernglas, um alles noch weiter in mir aufzunehmen. Doch die Wolken mahnen uns, die „Füße in die Hand zu nehmen", wie meine Mutter sagen würde. Hier nun entscheiden wir uns endgültig, nicht weiter zum Piz Boè aufzusteigen, sondern in der naheliegenden Hütte, dem Rifugio Pisciadù zu übernachten.

Der Gedanke „Warum mache ich das hier eigentlich?" hat sich schnell erledigt. Das Abenteuer hat mich schnell eingeholt. Es ist einmalig.

Und nun auch noch der frühe Wanderfeierabend. Welche Geschenke dieser Tag doch für mich bereithält.

Heute ist also ein besonderer Tag, beschließe ich. Ein wenig Erholung, ein wenig Ausruhen, ein wenig leere Zeit. Und so sitze ich bereits wenig später auf der Terrasse des Rifugio Pisciadù, schaue auf den See und esse einen göttlichen Apfelstrudel mit Vanillesauce.

Dabei blicke ich auf den blauen, glasklaren See, der vor der Hütte liegt und bin zufrieden. In erster Linie bin ich auch dankbar, weil meine Intuition dafür gesorgt hat, dass wir jetzt hier sind und nicht beim weiteren Aufstieg. Denn das Grau der Wolken, die sich zusammenschieben, geht fast schon in ein Schwarz über.

Und dann fröne ich noch dem Luxus eines Nachmittagsschlafes. Doch, halt. Marita und ich haben ein 8-Bett-Zimmer für uns alleine. Voller Freude sucht sich jede ihr Lieblingsbett aus, sie unten in der Ecke, ich oben am Fenster. Irgendwie typisch für jede von uns.

Nun dusche ich noch unter einem dünnen Wasserstrahl, wasche meine kleine Wäsche, hänge sie wieder kunstvoll auf diversen, zwischen den Betten verspannten Schnüren und Wanderstöcken auf. Und dann, dann lege ich mich auf mein kleines Bett und schlafe für eine ganze Stunde. Was für ein Segen.

Doch Blitz und Donner wecken mich nicht minder als der prasselnde Hagel, der seine Körner über die Holzterrasse tanzen lässt. Also drehe ich mich auf den Bauch, um dieses Erlebnis noch in Ruhe vom Bett aus zu betrachten.

Marita mahnt, das Abendessen wird bald serviert. Also bin ich in wenigen Minuten unten in der Stube, fröne einem köstlichen Krautsalat, einer Suppe und ein paar Nudeln.

Die Wirtsleute räumen den Tisch leer, und wir legen die Wanderkarten aus und planen den Rest unserer gemeinsamen Tage. Wir möchten es passend hinbekommen, dass wir zusammen in Belluno ankommen. Wir planen die Übernachtungen, bestellen die Hütten und sind anschließend sehr glücklich, denn somit geht alles gut auf. Das ist mir wichtig, ich erlebe seit ein paar Tagen, dass ich nicht mehr endlos Zeit habe. In fünf Tagen komme ich in Belluno an. In fünf Tagen ist diese einzigartige Wanderung vorüber – ab dann leben die Erinnerungen daran und die Fotos.

Der Abend ist schön. Mein Internet in meinem Handy beschert viele schöne Facebook-Momente, ich habe noch eine schöne Zeit zum Chatten, mit meiner Tochter, mit anderen, mir nahen Menschen.

*Alles hat seine Zeit.*

# Tag 17 – 12. Juli:
# Von der Pisciadùhütte zum Lago di Fedaia

Der Tag startet wie immer gegen 6 Uhr. Das hat sich so eingespielt – meine eigene innere Uhr weckt mich dann. Das passt auch gut zu den morgendlichen Routinen der anderen Wanderer und auf den Hütten.

Noch im Halbschlaf sehe ich meine WhatsApp-Nachrichten auf dem Display meines Handys. Es sind Nachrichten von meiner Tochter und nahen Freunden. Ich fühle mich – selbst auf dieser kargen Höhe des Sella Joches – geborgen. Wie wertvoll sind Freunde und liebe Menschen, die mich begleiten, die ich begleiten darf. Auch hier, so weit von allen meinen Lieben entfernt, sind die Verbindungen zu spüren. Auch die Verbindungen zu denen, mit denen es gerade nicht „so gut läuft", die sind ja doch da.

Auch wenn es Unfrieden mit dem einen oder anderen Menschen gibt, so ist das eine Zeit, so hat das seine Berechtigung.

Wie oft stapfen wir in das große Fettnäpfchen der Projektionen. Da lehnen wir jemanden ab, nur weil wir etwas von uns auf ihn übertragen. Oder er lehnt gerade uns oder unser Verhalten ab und deshalb ist es gerade gestört, das Miteinander. Und da habe ich auch wieder die Wahl, denn ich kann etwas von mir aus tun, um die Dinge zu klären. Und manches Mal kann ich es nicht, weil das Gegenüber noch mit etwas anderem außer mir beschäftigt ist. Sicher mache ich nicht alles richtig, was Familie, Freundschaften und Kollegialität angeht. Aber vieles schon.

Hier oben, an diesem Morgen, merke ich wieder einmal, wie wertvoll diese Verbindungen sind, wie kostbar auch das Gefühl von Zugehörigkeit ist. Eine Bedeutung für andere Menschen zu haben und zu erfahren, dass mir andere Menschen wichtig sind, ist eines der großen Geschenke des Lebens.

Marita ist wieder früher fertig als ich, sie packt ihre Sachen schneller, sitzt dann oft im Speisesaal der Hütten und schreibt in ihr Tagebuch. Unsere Rhythmen sind antizyklisch, ich liege so gerne noch einen Moment in der Geborgenheit meines Bettes, schreibe so vor mich hin und genieße das Alleinesein; sie ist früh auf, schreibt dann später am Tisch in der Stube der jeweiligen Hütte.

Und heute habe ich das Gefühl, auch noch einmal Kraft sammeln zu wollen, um den Aufstieg zum Piz Boè gut anzugehen.

Der Himmel ist nicht blau, die Berge und die Umgebung der Hütte sind noch wolkenverhangen.

Aber wir wollen weiter. Hierzubleiben ist keine wirkliche Alternative. Der kleine Wetterbericht in meinem Handy sagt mir zudem, das es nicht wirklich besser wird in den nächsten Tagen.

Nach einem (ich weiß, schon wieder) schmelzkäselastigen Frühstück geht es weiter bergauf. Erst entlang des wunderschönen blauen Sees, der neben der Hütte liegt. Ein romantischer Ausblick, den ich immer wieder einzufangen versuche.

Das Leben ist außerhalb der Komfortzone interessanter als innerhalb dieser Zone. Dies hier ist keine Komfortzone. Hier geht etwas ab, hier passiert definitiv etwas. Alles ist neu und anders. Erst dachte ich, der Weg ist einfach, jetzt geht es gleich heftig weiter. Aber ich bin ausgeruht, es geht mir gut dabei. Ich spüre meine Kraft, meine Zuversicht, das Gefühl, alles gut meistern zu können, was heute vor mir liegt. Neugier treibt mich ebenso weiter wie die Freude auf das, was da kommt, und der Stolz und die tiefe innere Zufriedenheit, was ich alles bereits bewältigt habe. Ist das Glück?

Der Weg, auf dem ich hier wandele, wird heftiger, wilder, steiler, und auch das Geröll nimmt zu. Dies ist auch wieder einer der Tage, an denen ich froh bin, jetzt nicht alleine zu gehen.

Marita ist wie immer weiter oben, ich habe diese Morgenstimmung für mich. Sie weiß das und nimmt gerne Rücksicht darauf. Hatte ich schon gesagt, wie sehr sie mir mittlerweile ans Herz gewachsen ist? So treffen wir uns immer an bestimmten Punkten, die sie aussucht. Dort sitzt sie dann vergnügt und wartet auf mich. Etwas ganz Besonderes, wie ich finde.

Die ersten Klettersteigstellen liegen vor mir. Also hoch, klammern, festhalten, klettern.

Mit jedem Schritt geht es höher, der Ausblick raubt mir zwischendrin den Atem, der an manchen Stellen sowieso schon knapper wird. Wir sind so hoch, aber es ist auch herausfordernd, hier noch weiter hoch zu gehen. Aus Sicherheitsgründen reduzieren wir unseren Abstand, die Sicht wird geringer durch den einsetzenden Regen, Hagel und Nebel. Es ist mir nicht möglich, diese verschiedenen Witterungsformen voneinander abzugrenzen.

Doch eines weiß ich, es ist kalt und nass. Ein Zeitgefühl habe ich angesichts dieses Aufstiegs bei dieser Witterung verloren. Das Regencape umgibt mich, meine Handschuhe habe ich Marita gegeben, sie friert gerade mehr als ich. Tropfen überall, die Kapuze nimmt mir die Sicht, sodass ich alle paar Meter den Kopf heben muss, um Marita – mit ihren sonnenblumengelben Stulpen – im Nebeltrüb zu finden. Sie ist quasi meine wandelnde Wegmarkierung. Ansonsten habe ich den Blick auf jeden Tritt vor mir gerichtet.

Eine Ortung am Berg, wo ich mich gerade befinde, fehlt mir komplett. Die Sicht reicht zwei bis drei Meter, und das für bestimmt zwei Stunden. Eiskalt, windig, prasselnder Hagel.

Das hier ist Kampf, fast schon ein Überlebenskampf, anders kann ich es nicht beschreiben. Jeder Schritt ist ein bewusster Schritt. Alles andere ist komplett unwichtig geworden. Jetzt geht es nach meinem Verständnis nur noch darum, heile anzukommen – wo auch immer. Das nächste trockene Ziel ist die Hütte am Piz Boè. Wie weit es bis dahin ist, bleibt uns unklar. Ab und an ein kleines Schild am Wegesrand, aber was sind schon fünf Kilometer bei diesem Wetter?

Irgendwo hier liegt der höchste Punkt der Wanderung. Die Freude darüber verliert sich, weil ein Gewitter einsetzt. Und das macht mir Angst, Marita auch. Ich fühle mich wie bei einer Erstbegehung auf einem fremden, teils feindseligen Planeten. Die Kargheit überwiegt, die Kälte fährt uns in die Glieder und die Angst nimmt zu.

Unabhängig voneinander entscheiden wir fast im selben Moment, dass wir uns ducken wollen, Versteck an einem Überhang suchen möchten. Das Gewitter setzt uns zu. Ich klemme mich so dicht es geht an einen

Felsen und suche Schutz unter einem kleinen Vorsprung. Und dort verharre ich. Wie lange, vermag ich auch jetzt wieder nicht zu sagen.

Demut durchzieht jede Zelle meines Körpers.

Ich lehne an einer Felswand, Hagel und Regen, Gewitter mit Blitz und Donner ziehen über mich hinweg, während ich versuche, eine Symbiose mit dem Fels über mir einzugehen. Die urtiefe Angst vor einem Blitzschlag lässt mich dicht an diese wasserübersäumte Felswand pressen. Rucksack und Poncho ziehen regennass an mir.

Es gibt nichts anderes, als Mutter Erde und Vater Himmel anzubeten. Um Sicherheit und Frieden, dass es mich verschone.

Meine Tränen sind das Bekenntnis meiner Demut und Dankbarkeit.

Minuten später kommen die Tränen aus dem Meer der Erleichterung. Geschafft.

Ein Freudentanz auf 2800 Metern Höhe.

Das sind meine Worte, die alles ausdrücken, was ich soeben erlebt habe.

Ich kann kaum aufhören, hier oben in den Bergen zu tanzen, der Erleichterung in mir Raum zu geben. Freude, Erfüllung, Liebe, Hingabe, alles in mir ist reif und frei.

Der Moment vorher, als ich Marita noch sage, wo die wichtigsten Handynummern sind, dass sie meine Lieben anrufen kann, falls etwas sein sollte, ist vorüber.

Die Erleichterung ist enorm. In meiner Hosentasche sind zwei Steine, mit klammen, kalten Fingern habe ich sie noch am höchsten Punkt der Wanderung vom Boden aufgeklaubt. Dabei war es mir, die seit ihrer Kindheit mit Hingabe Steine sammelt, gleich, wie diese hier aussehen.

Ich wollte sie bei mir haben, als Erinnerung und ebenso als Geschenk.

Nun haben wir uns ein Aufwärmen verdient. Noch eine knappe Stunde und wir kommen zum Rifugio Boè und treffen hier auf viele bekannte Gesichter, aber auch auf Wärme und Sicherheit.

Ich lasse meine Sachen trocknen, denn das Regencape und meine Regenhose sind pitschnass. Es wäre schön, nach der Aufwärmpause wieder mit trockenen Sachen weiterzumachen. Allerdings gibt es ein paar kleine Probleme, im Trockenraum all die nässetriefenden Kleidungsstücke der Menschen zu trocknen, die hier gerade Unterschlupf suchen.

Der Wirt und seine Mitarbeiter hatten gerade alles getrocknet, und dann wird wieder alles nass.

Aber auch das regelt sich. Ich gebe zu Hause Bescheid, dass ich gut angekommen bin, verzichte auf den Gipfelaufstieg zum Piz Boè und wärme mich an zwei Tassen Tee und einer Stulle vom Frühstück.

Und dann schiebt der liebe Gott, oder wer auch immer, die Wetterwolken beiseite. Wir können also weiter. Das freut mich ungemein. Es ist zwar nett hier, dennoch drängt in mir die Lust, weiterzukommen. Wir haben noch so einiges an Weg vor uns, und mir hummelt es auch in den Beinen. Die durch die Ereignisse der letzten Stunden gelöste Anspannung hat meine Lebensgeister neu erweckt. Tatenhungrig will ich weiter. Und so stehe ich zum ersten Mal vor Marita bereit vor der Hüttentür (drängele fast) und genieße die Luft, die eine Frische und Sauberkeit hat, wie ich sie noch nie erlebt habe.

Es geht weiter. Der Himmel blaut auf, die Wolken verziehen sich und das Panorama ist bald wieder sichtbar. „Hier ist jeder Meter schön", soll ich mal vor ein paar Jahren auf einer Wanderung in Thüringen gesagt haben. Hier empfinde ich es auch so. Jeder Meter, jeder Blick ist schön.

Ich fühle mich frei, erholt und sicher. Die überstandenen Stunden machen mich frei. Und im anderen Moment denke ich über den Tod nach. Wieder einmal auf dieser Wanderung. Er ist so nah, hier noch mehr als sonst.

Hier werde ich in einer besonderen Intensität mit dem Risiko des Sterbens konfrontiert. In den Wanderführen steht, dass es besser ist, diese Strecke nicht alleine zu gehen. Neben den Warnungen in Form von Erinnerungstafeln, die ich an vielen Stellen finde, weiß ich ja selber um mein Bangen. Um ein Bangen wie heute früh.

Aus all meinen Jahren an den Betten der Sterbenden und der Menschen, die ihre Liebsten waren, weiß ich um die tiefe Gelassenheit, die es braucht, diesem Sterben in die Augen zu schauen und Frieden damit zu haben. Das ist sicher leichter, wenn ich weiß, es sind noch ein paar Monate, Wochen oder sogar nur noch Tage. Doch würde es mich hier in einer Scharte herabreißen, von einem Blitz getroffen oder eine Felswand herabstürzend, dann wäre es anders. Es fehlt dann die Zeit der Vorbereitung, der Einkehr, der Integration des gelebten Lebens. Immer wieder bleibt bei diesen Gedanken die Idee an die Einzigartigkeit des Moments, des Tages. Nichts vor sich hertragen, was noch nicht geklärt ist. Am Ende bleibt zu wenig Zeit, die Dinge in Ordnung zu bringen.

Aber es lädt natürlich auch zu den Fragen ein, was mir wirklich wichtig ist. Worum geht es mir jetzt? Wer bin ich wirklich? Wer oder was möchte ich sein? Was ist meine Berufung? Was ist meine Vision? Was ist meine Mission? Was ist mein Lebensziel? Erfüllt mich dieses Ziel wirklich, wenn ich es erreiche? Welches Leben möchte ich wirklich führen, ganz frei von wirtschaftlichen Überlegungen, frei von derzeitigen Beziehungen und Verpflichtungen? Wie wäre mein Zuhause, wenn ich ehrlich bin und wenn es mir wirklich entspricht? Wie fühle ich mich in meiner Partnerschaft? Entspricht sie mir wirklich? Wie sollte, möchte oder will ich leben, um in jedem Moment meines Lebens vollkommen glücklich zu sein? Was bräuchte ich, damit das möglich ist? Was fehlt mir zu meinem Glück? Welchen Mangel habe ich? Welchen Reichtum ...?

Davon gibt es so viele Fragen.

In meinen Jahren als Altenpflegerin habe ich so viele Menschen erlebt, die bereut haben, was sie nicht gemacht haben. Das sind nicht die großen Dinge, das waren die Herzensdinge, die ihnen das Herz gewärmt und die Seele erfüllt haben bzw. hätten.

Das mag sich komisch anhören, dass mich diese Fragen hier so beschäftigen, aber sie gehören für mich hierher. In meinem Umfeld sterben Menschen, auch mich betrifft es. Und noch mehr betrifft es all die Menschen, mit denen ich täglich zu tun habe. Kann ich intensiv und erfüllt leben, während in anderen Ländern Menschen durch Bomben und Kriegstreiberei sterben, Menschen missbraucht und gefoltert werden, die Terrorgefahr immer mehr zunimmt und wir nicht wirklich wissen, was morgen oder übermorgen ist? Wir leben im Wohlstand und noch im Frieden. Auf anderen Kontinenten bricht der Lebensraum weg, weil Regenwald als Anbaufläche genutzt werden will, Frauen werden vergewaltigt und beschnitten, Kinder werden selbst in Krankenhäusern und anderen Zufluchtsstätten bombardiert, weil Religionen nicht reformiert werden und wirtschaftliche Interessen dringend notwendige Friedensgespräche verhindern.

Was zählt der Mensch?

Hier weiß ich es nicht zu beantworten. Der Mensch versucht an so vielen Stellen, den Berg zu nutzen, ihn zum Selbstzweck, zum Konsum und zu wirtschaftlichem Wachstum herhalten zu lassen. Und es gibt so viele Zeichen, dass die Menschen die Berge hier lieben, sie hüten und schützen.

Genug der Gedanken, ich möchte weiter, den Berg und mich erfahren. Die Freude, dieses Sellamassiv nicht nur hinauf, sondern auch hinunter zu steigen, umfängt mich mit allen Sinnen. Die letzten Schneefelder gilt es zu durchsteigen, die langen Hosen werden gegen die kurzen ausgetauscht, die Sehnsucht nach einem Cappuccino und dem Schreiben von Postkarten wächst. Ich gehe voran, jeder Schritt ist wohltuend, aber auch abenteuerlich. Bald sind wir ein Stück weiter, die letzte Hütte vor dem Passo Pordoi. Zeit für einen Kaffee und ein Foto, denn auch hier hängt Reinhold Messner an der Wand. Und da ich mit jedem Tag mehr Respekt vor seinem Leben, seinem Können und seinem Wirken habe, möchte ich so gerne eine Foto von seinem Foto mit mir darauf.

Und dann möchte ich nur noch hinaus. Den Blick auf einen weiteren der größeren Schnittpunkte in meinem Leben werfen: den Passo Pordoi. Dort bin ich – vermutlich auf den Tag genau – vor 20 Jahren mit dem Rad vorbeigeradelt. Mit dem Vater meiner Tochter, meinem Mountainbike und einem grünen Zelt, welches am Ende der fast dreiwöchigen Tour in der Nähe des Pragser Wildsees seinen Geist aufgab. Es war eindeutig zu müde, gegen diese Regenmengen anzukämpfen. Und ich war zu müde, diesen Regen auszuhalten.

Ein edles Gefühl; reif und voll schaue ich von hier oben auf die Passstraße hinab und nähre mich lange an meinen Erinnerungen. Wie schön ist es auch heute, dass sich so ein Kreis im Leben schließt, dass er rund wird.

Ich stapfe mit großen, freudigen Schritten bergab, lasse Marita zurück und freue mich über die Leichtigkeit im Herzen und im Gemüt. Demut und Dankbarkeit sind meine Gefährtinnen.

Solch einen „dicken" oder besser gesagt „mächtigen" Berg habe ich hinter mir gelassen, auf der Land- und Panoramakarte und im Gemüt. Jetzt wird es nur noch leichter, sage ich mir und freue mich auf das Kommende. Die Tage und die Landschaften vor mir, sind jetzt – in Anbetracht des Überstandenen – leichter.

Das Wesentliche dieses Tages ist die Liebe, so erlebe ich es heute. Denn gleich am frühen Morgen lagen so liebevolle, verbindende Nachrichten in meinem Postfach. Marita trage ich nach diesen Momenten oben am Berg noch einmal neu in meinem Herzen. Und all die Menschen, die mir nah sind, erscheinen mir heute vor meinem inneren Auge.

Von Anfang bis Ende bin ich davon erfüllt:

Die Liebe umhüllt uns, wenn wir sie hören, wenn wir wach sind, wenn wir uns selber lieben.

Hier – in diesen tief existentiellen Tagen – wird es mir bewusster als je zuvor, wie sehr alles aus Liebe besteht, was geliebt werden will. Und wie sehr wir dazu beitragen können, dafür offen zu sein.

Die Liebe der Natur zu uns, wie sie uns Menschen erträgt. Meine Liebe zur Natur ist hier so intensiv erfahrbar. Die Liebe und Verbundenheit in meiner Familie, auch wenn sie manches Mal verstellt ist. Das ist wohl der Lauf der Welt.

Die Liebe meiner Eltern und Großeltern, die mich geschaffen haben.

Meine Liebe und Verbundenheit zu meiner Schwester und meinem Bruder – gleich wie die Wege gerade sind.

Die freie, leichte, allumfassende Liebe zu meiner Tochter, die auf beiden Seiten einem warmen Mantel gleicht, der in allen Farben Kraft und Zuversicht gibt.

Die Liebe meiner Frau, die mich stärkt und frei macht und meine zu ihr, die mich unendlich erfüllt. Gefährtinnen auf ihren Wegen. Mit all den Schwierigkeiten, die wir immer wieder zu bewältigen haben.

Die Liebe meiner Freunde und Freundinnen, die mich leiten, und das Einbinden in die zauberhaften Anknüpfungspunkte unserer Wege. Die Liebe hat so vielfältige Facetten, auch wenn Freundschaft darauf steht, liegt Liebe darunter.

Die Liebe zu Menschen, die gerade in den schweren Momenten da sind.

Die Liebe der Schwestern und Brüder im Herzen – die u. a. keine Worte brauchen.

Die Liebe zu mir, die mich so sein lässt, wie ich bin.

Die Liebe zu meinen Schwächen und Stärken. Die Liebe zu meiner Angst, denn sie lehrt mich Vorsicht und Mut.

Die Liebe zum Humor, gerade in den dunklen Momenten.

Die Liebe zu Mutter Erde und Vater Himmel, zu allen guten Geistern, die mich leiten und umgeben.

Diese Liste könnte ich ellenlang weiterführen, es gibt so vieles, was wir in Liebe betrachten und erfahren können.

Die Liebe zu meinen Wanderschuhen, zu meinem Rucksack, der mein Zuhause ist, die Liebe zu meinen Beinen, die mich tragen und mein Herz, das stetig schlägt, egal, wie ich es fordere.

Auf solch einer Wanderung sind poetische Momente durchaus willkommen. Goethe hat auch beim Wandern gedichtet, und ist er beim Dichten gewandert. Also darf ich das auch. Es kommt mir so. Hier würde ich wahrscheinlich auch mit Hape Kerkeling einen gemeinsamen Nenner finden.

Nach diesem emotionalen Ausbruch, nach dieser Fülle an Erfahrungen, gehen wir weiter, eine nach der anderen. Wir entspannen, jede auf ihre Art. Wir gehen einen langen Hang entlang, mal bergauf, mal bergab. Wie an einer Düne zieht sich der Weg, ich trudele sanft in meinen Gedanken, bin froh über das Geschehene, denke nach und ebenso denke ich nicht nach. Ein eigenartiger Zustand, voller innerer Albernheit und Spielfreude. Selbst der erneute Regenguss schreckt mich nicht mehr ab, nahezu mühelos zum Rifugio Dolomia am Lago di Fedaia abzusteigen. Ich gebe es gerne zu, zum Abend hin bin ich müde, absolut müde. Möchte alle Viere von mir strecken, nichts mehr tun, nur noch essen und schlafen. Doch braucht es noch einen Moment, bis ich ankomme. Zwischendrin mache ich kleine Pausen und Fotostopps. Lasse meine Wanderstöcke stehen (wenige Minuten später merke ich den Verlust und tapsele zurück) und merke, wie müde und voll ich nach den heutigen Eindrücken bin.

Das ist mal wieder so ein Tag, an dem ich denke, dass er mehr als einen Tag lang ist.

Abends, an diesem Hotel angekommen, lasse ich mich in das multisensorische Spektakel von italienischer Halbpensionstradition fallen. Es ist alles organisiert, das Essen, der Platz, der Tisch, das Zimmer. Ich sage nicht mehr viel, alles ist irgendwie gut, sogar die Wäsche wird noch gewaschen, was ich immer mag. Damit meine Kleidung keinen Schaden nimmt, stelle ich mein Babyshampoo zur Verfügung, welches ich seit Pfunders mit mir herumtrage. Damit habe ich schon so einiges an Handwäschen gemacht.

Marita ist zufrieden, sie genießt das 3-Gänge-Menü, ich stürze mich auf die Salatbar und lege später die Füße hoch. Und während ich im Wanderführer über den nächsten Tag lese, schlafe ich ein. Nur die Hagelböen in der Nacht wecken mich, während die Hagelkörner und der Wind die Gardine so weit ins Zimmer drücken, dass ich davon aufschrecke. Eine eigenartige Nacht. Aber es ist okay so, denn ich habe schon so viele gute Nächte auf dieser Wanderung gehabt.

# Tag 18 – 13. Juli:
# Vom Lago di Fedaia nach Alleghe

Eine Nacht im Hotel mit Halbpension liegt hinter mir, herrliches Salatgemüse am Abend, langweilige Kohlenhydrate am Morgen. (Ich möchte mich hier gar nicht über die ungewohnten Ernährungsgewohnheiten auslassen – den letzten grünen Smoothie gab es in Hall)

Nun geht es abwärts – meist bei Regen – nach Alleghe.

Ich schlendere, bummele fast talwärts, lasse die Gedanken und Erinnerungen schwelgen. An diesen letzten, eher harten, sehr konzentrierten Wander- und Bergsteigtagen merke ich, wie es nun ist, die Anspannung loszuwerden. Gedanken schweifen lassen, Stimmungen Raum zu geben, die beim Auf- oder Abstieg keinen Platz hatten. Ereignisse innerlich auszuweiten und zu reflektieren.

Ich ahnte schon zu Anfang dieser Reise, bereits beim nebligen Kraxeln auf den Achselköpfen, dass solche Touren eine meisterliche Schulung der persönlichen Selbstführung sind. Wir müssen uns selber führen und das nicht nur den Berg hinauf und wieder hinab, sondern auch unsere Stimmungen, unsere kleinen, immer wiederkehrenden Alltagsroutinen managen. Einpacken, auspacken, alleine sein, dann wieder im obligatorischen Hüttengerummel einen kleinen Platz finden.

Womöglich mit vielen Unbekannten in einem Raum schlafen. Kraft aufbringen, Umwege gehen, Rückschläge einstecken, Gipfelsiege feiern, Schmerzen annehmen und umwandeln, all die spektakulären Eindrücke aus der Natur verarbeiten, die wechselnden Schlafplätze, das ureigene Biotop Rucksack, Wäsche waschen …

Tagtäglich haben wir die Möglichkeit, unsere eigene Selbstwirksamkeit zu erkennen, das eigene Selbstbild zu schätzen, es zu pflegen und zu nähren. Selbstverantwortung zu übernehmen, um aus dem, was uns zur

Verfügung steht, das Beste zu machen, nämlich ein eigenes, reifes Leben zu leben.

Sicherlich gibt es noch mehr Aspekte, dies sind die, die mir heute so durch den Kopf gehen.

Mehr als sonst in meinem Alltag aus Trainings, Workshops und Vorträgen wird mir bewusst, wie fair es in dieser anspruchsvollen Zeit des Wanderns ist, Stimmungen nicht an anderen „auszulassen", sondern sie so zu regulieren, dass sie andere Menschen mindestens fördern.

Kein Wunder, denn sie finden nahrhaften Boden. In den Gesprächen mit anderen Wanderern geht es oft genug um das Thema Arbeit. Und nahezu jedes Mal spielt in diesen Erzählungen eine Führungskraft eine zentrale Rolle. Wie fast immer ist sie für Fluch und Segen am Arbeitsplatz maßgeblich verantwortlich.

Innerlich denke ich fast jedes Mal, dass es doch überall dasselbe ist.

Wie förderlich, menschlich, leistungsstark wäre unsere Arbeitswelt, wenn Führungskräfte in erster Linie sich selber führen würden. Um dann ihren Mitarbeitern und Mitarbeiterinnen fair und aufgeräumt zu begegnen.

In meinen Paddelcoachings erlebe ich es ähnlich. Die Menschen kommen in den Stunden, die wir gemeinsam in der Natur sind, zu einer Art innerlichen Aufräumens. Das Fortkommen aus eigener Kraft, welches konsequenterweise im Paddelboot gefordert und ermöglicht wird, reguliert Temperamente und Stimmungen per se. Wetter und Natur sind wertvolle, fast schon leitende Gefährten.

So ist es auch hier – wandern als Prinzip der Selbstführung.

Nach diesen vier Stunden Gehen durch den Regen brauche ich nichts mehr über Resilienz zu lesen. Ich habe sie mir – spätestens jetzt – wieder einmal zu eigen gemacht. Einfach weitermachen, einen Weg finden, wenn es schwierig wird, flexibel bleiben, durchhalten und eine andere Version in sich hervorziehen, herausbringen, möglich machen.

Ich gehe einfach Schritt für Schritt, folge meinen Gedanken stundenlang.

Wann kann ich das schon? Hier geht es gut.

Und wie gelingt das? Indem wir unsere Gedanken wandeln, sie erkennen und beeinflussen, bekommen sie eine Wendung, die wir für sie vorsehen. Ich könnte über den Regen klagen, ich könnte aber auch sagen, dass ich in den Wolken bin.

Ich finde einen neuen Bedeutungsrahmen, einen, der mich voranbringt. Ich kann ein stärkendes, inneres Gedankenspektakel eröffnen.

Kommt hier ein ungemütlicher Gleichmut auf, so suche und finde ich vierblättrige Kleeblätter. Auch das tut meinem inneren Gleichgewicht gut. Egal was ist, wir haben die Wahl, daraus eine Perle oder einen Knoten zu machen.

Am Ende will ich einfach „nur sitzen", wie der eine Ehemann bei Loriot, der dieses heftige Unverständnis seiner Frau erntet. So zumindest könnte ich den heutigen Regenspaziergang beschreiben. Sitzen, ein wenig ausruhen und vor allem irgendwann im Trockenen sein.

Manche Wegstrecke auf dieser Tour ist schlicht, einfach, unspektakulär. Dennoch erlebe ich sie als echt, als passend, als gut. Da reihen sich Hunderte von Bäumen aneinander, Forstwege züngeln sich den Berg hinauf und wieder hinab. Sie sind still, sichtbar leise und unaufgeregt.

Sie gefallen mir dennoch, da sie mich lehren, auch das Einfache zu schätzen und zu genießen. Je schlichter manche Wegstrecke ist, umso meditativer ist das Dahinschreiten, das Vorwärts-Stiefeln, das gedankenlose Bummeln mit den Augen.

Aber wonach bemesse ich denn mein Glück? Mache ich es von spektakulären Aussichten und Anblicken abhängig, von Begegnungen oder keinen Begegnungen?

Glücksmomente habe ich hier viele. Vielleicht ein bisschen mehr als an anderen Tagen.

Ebenso habe ich traurige oder besonders innigliche Momente.

Glück ist oft einfach eine Vorstellung, sie kann auch wieder kippen, wenn unsere Indizien für Glück nicht erfüllt werden. Wir begeben uns doch auch in die Abhängigkeit zu diesen Kriterien oder auch zu unserem Gefühl von Glück. Erst wenn A oder B erfüllt sind, nennen wir es Glück.

Damit hängen wir das Glück an einen seidenen Faden. Vielleicht sind die Arten des Glücks, die ich hier auf dieser Wanderung erlebe, viel eher so etwas wie Inne-halt-Momente oder Phasen des Innehaltens.

Den Begriff der Achtsamkeit finde ich persönlich etwas abgegriffen, meiner Einschätzung nach wird er mehr und mehr genutzt, weil er gerade „in" ist. Und doch kann ich diese Zustände, die ich erlebe und von denen ich hier spreche, als Achtsamkeit bezeichnen. Das passt wohl am ehesten. Wenn ich hier von Achtsamkeit spreche, dann meine ich, dass ich meine Aufmerksamkeit ganz auf die gegenwärtige Erfahrung richte. Ich nehme sehr intensiv wahr, fokussiere bestimmte Aspekte und lasse damit vieles andere außen vor. Oder ist es eher eine Art Gewahrsamkeit?

So betrachte ich zum Beispiel, wie ich die Füße auf den Boden setze, schaue ihnen beim Gehen zu, spüre das Aufsetzen und Abrollen der Füße in den dicken Stiefeln.

Somit ziehe ich quasi eine Grenze zum Trubel, zu Gedankenkarussells und den anderen Einflüssen, die doch immer um uns herum sind. Dieses Prinzip der Achtsamkeit funktioniert hier auf dieser Tour besonders gut. Im Moment sein. Darin sind die Berge meine Lehrmeister. Aber auch die Blumen, die wonniglich blühen, die Kühe, die schwanzwedelnd die Fliegen zum Tanzen bringen, und der Duft der Luft.

Das sind Gedanken, das sind Wahrnehmungen und Eindrücke, die ich verarbeite. Die ich auch mit nach Hause nehme.

Zwischendrin finde ich wieder Kleeblätter, sammele sie auf, lege sie in mein kleines Wanderbuch, damit sie trocknen und ich sie z. B. verschenken kann. Oder die Eichelhäherfeder.

Der Weg zieht sich, doch irgendwann ist es egal, es läuft sich einfach so.

An diesem Tag bekommt mein Regencape sehr viel Regen mit. Später wird es wieder warm, der Regen erlischt, und ich bastele mir aus meinen Wanderstöcken eine Aufhängevorrichtung, sodass das Regencape trocknen kann, während ich den Weg nach Alleghe weitergehe.

Während ich auch diesen Teil des Tages mit Wandern verbringe, kommt mir eine zentrale Erkenntnis in den Sinn.

Warum mache ich so eine Tour nicht öfter?

Einfach den Rucksack nehmen und los. Kaum Gepäck, ein paar gute Stiefel, in denen meine Füße zuhause sind und ein paar Euro in der Tasche, um die Hüttennächte zu bezahlen.

Jetzt, zum Ende dieser Tour, weiß ich, dass mich diese Wanderung mit tiefen Glücksgefühlen, mit Demut und Dankbarkeit erfüllt hat.

Diese Tour hat mich verändert, das weiß ich jetzt schon. Diese Erkenntnis, mit wie wenig materiellen Mitteln solch eine Wanderung zu gehen ist, macht mich froh. Es braucht kein All-Inclusive-Hotel und keinen Pool mit Drinks. Hier bekomme ich das Tausend-Sterne-Hotel für Muskelkraft und Schweiß.

Diese Zeit mit mir erfüllt mich, ich habe gelernt, mit Ängsten, Zweifeln und Sorgen alleine zurechtzukommen, Verantwortung für mich und meinen Weg auf mich zu nehmen.

Vorher war ich mir noch unsicher, ob ich überhaupt so lange alleine zurechtkomme. Ich weiß, das ist eine wirklich blöde und auch überflüssige Frage, denn natürlich komme ich alleine zurecht. Aber doch, wenn ich ehrlich bin, war der Gedanke vorher da. Insbesondere in Bezug auf das Zelten, die dunklen Nächte unter den Sternen an einsamen Stellen. Die habe ich auf dieser Tour ja dann doch – selbstgewählt – nicht erlebt.

Aber auch manche Strecke bei Regen oder dunklem Himmel schien mir im Vorfeld eine nicht nur komfortable Zeit des Alleinseins. Und jetzt, nachdem ich seit gut zwei Wochen unterwegs bin, fühle ich diese innere Zufriedenheit, diese tiefe Kraft, in mir alles zu finden, was ich benötige, um gut durch den Tag und gut durch mein Leben zu kommen.

Stunden später kommen wir in dem kleinen Ort Alleghe an einem algigen, grün-trüben See an. Wir nehmen das erstbeste Hotel, ein Sporthotel mit Balkon und Blick auf eben diesen See.

Lange sitze ich auf diesem Balkon und schaue auf die Berge und das Wasser vor mir. Zwischendrin gehe ich in die Sauna und sauge die Wärme und Entspannung in mir auf. Dann ein klassisches 3-Gänge-Menü im Restaurant des Hotels. Nichts Besonderes, es ist im Halbpensionspreis enthalten. Aber ein schöner Tisch, ein munteres Treiben.

Der Salat ist köstlich, ich nehme dreimal, als hätte ich viele salatarme Abende auszugleichen und den kommenden vorzubeugen.

Später sitze ich wieder auf dem Balkon, die Beine hoch auf die Brüstung gelegt, schreibe und konzipiere, schaue dabei den Gewitterwolken zu, die um ein Stelldichein bitten, was sich erst spät wirklich zeigt. Dann allerdings kommen heftige Blitze und Donner, die mich fürchten lassen. Einerseits ist es spektakulär, was sich dort für ein Schauspiel am Himmel zeigt, dann ist es wieder beängstigend, weil es mit solch einer Wucht daherkommt, wie ich es selten erlebt habe.

Die Nacht ist unruhig, das Gewitter schreckt mich immer wieder hoch.

Meine Träume sind wild, das bevorstehende Ende der Reise schüttelt mich durch. Am liebsten möchte ich die Zeit zurückdrehen, damit ich vieles noch einmal erleben kann.

# Tag 19 – 14 Juli:
# Von Alleghe zum Rifugio Tissi

Dieser Tag ist wetterbedingt ein friedlicher Tag – endlich. Die Gewitter, stundenlangen Regen- und Hagelschauer, die herausfordernden Auf- und Abstiege der letzten Tage liegen hinter mir. Auch die Nächte mit Gewittern und sintflutartigen Schauern scheinen der Vergangenheit anzugehören – zumindest für die nächsten Tage.

Der Aufwachblick vom Bett fiel auf den See mit schneebedecktem Gipfel und verunsicherte mich dann doch hinsichtlich der heutigen Route. Schnee?! Gestern Abend waren sie noch schneefrei, heute mit Zuckerhüten versehen. Dennoch, ich würde einfach losgehen.

Der erste Höhepunkt des heutigen Tages war das Müsli, an welchem ich mich bediente. Eine aus den USA angerückte Radsporttruppe hatte sich eigens ein Hochleistungsmüsli mitgebracht, zufällig stand es auf dem Frühstückstisch.

Es tummelten sich so viele Menschen um das Buffet herum, dass ich einfach zugriff. Dezent, aber dennoch sättigend.

Und dazu einen Apfel. Statt in trockenen Graubrotscheiben mit Schmelzkäse schwelgte ich in nussigem, vielerlei getreidehaltigem Müsli und begleitendem Cappuccino.

Ein benachbarter Supermarkt bot mir eine herrliche Auswahl an Lebensmitteln, um meinen Proviant wieder aufzustocken. So packte ich glücklich Äpfel, Joghurt, Käse und Salami in meinen Rucksack. Es war der letzte Einkauf auf dieser Strecke, und so wunderte ich mich nicht, dass ich zwei Kilo Gewicht mehr zu tragen hatte.

Im Wanderführer wird geraten, die Seilbahn hoch zu nehmen, doch das wäre mir zu profan. Viel zu gerne stiefele ich die gesamte Strecke hinauf – es verbleibt am Ende ein anderes Gefühl, ein Gefühl von Gelingen und Stolz.

Nun geht es in geschlungenen, grünen Wegen den Berg hinaus. Dieser Berg trägt den Namen Civetta.

Es ist das letzte Mal, dass ich auf dieser Wanderung einen Berg hinaufgehe. Später kommen noch einmal Strecken, an denen es bergauf geht, aber hier spreche ich von einem wirklichen Aufstieg: von unten nach oben.

Mein letztes Mal nun also gehe ich auf dieser Wanderung einen Berg zu Fuß hoch.

Der Gedanke „des letzten Mals" begleitet mich ein paar Stunden lang.

Das erste Mal ist uns bewusst, da hängen Erwartungen, Befürchtungen oder auch Hoffnungen dran. Erinnerungen an die jeweils ersten Male haben wir viele. Das letzte Mal kommt unverhofft.

„Einmal noch in den Arm nehmen", stand an einem Trauerbild an der Schlüterhütte, welches dem früheren Hüttenwirt gewidmet war.

***„Einmal noch in den Arm nehmen" – da war es dann zu spät.***

Ich glaube fast, dass Mütter, die morgens ihrem Kind – ihrem Schulkind oder Kindergartenkind – hinterher winken, in einer Intensität winken, als wenn ein Teil in ihnen wüsste, es könnte das letzte Mal sein, dass sie dieses Kind sehen. Und wenn wir bei all dem, was wir tun, oder bei vielem, was wir tun, darüber nachdenken, dass dies das letzte Mal sein könnte, würde es in meinen Augen eine neue Kraft und eine neue Besonderheit gewinnen, eine Stärke, eine Einzigartigkeit, eben was es für ein erstes Mal ist.

Beim letzten Mal wissen wir nicht, ob es das letzte Mal ist. Heute auf dieser Route weiß ich, dass dies der letzte wirkliche Anstieg dieser Wanderung ist. Aber weiß ich, wenn ich mich von einem Freund verabschiede, dass es das letzte Mal ist? Weiß ich, wenn ich einen Fehler ein erstes oder letztes Mal gemacht habe, dass es vielleicht die letzte Chance war, ihn wieder gutzumachen? Weiß ich, wenn ich das letzte Mal über eine Straße gehe. Das erste Mal ist so einfach. Klar, manches Mal voller Hoffnungen oder Erwartungen.

Vor Kurzem ist ein sehr guter Freund von mir gestorben. Ich hatte gedacht, dass ich ihn noch einmal „in den Arm nehmen kann". Zu spät.

Der Gedanke an das letzte Mal schenkt mir eine erhöhte Aufmerksamkeit für das, was ich gerade tue, was wichtig scheint. Die Ereignisse bekommen eine höhere Bedeutung.

Aber wann wissen wir genau, dass etwas das letzte Mal ist? Scheinbar ist unser Konto an „nochs" immer voll. Erst im Rückblick oder wenn es zu spät ist, wird uns das letzte Mal deutlich.

Bevor es zu spät ist, scheint es wichtig zu sein, sich zu versöhnen, Frieden zu finden, das Wichtige noch einmal zu sagen, auch sich zu bedanken, wenn das ansteht.

Nun gehe ich das letzte Mal auf dieser Wanderung einen Berg von unten nach oben hoch.

Später, nach vielen Stunden des schweigsamen, alleinigen Aufsteigens, komme ich an einen Ort, der mich tiefer einatmen lässt, der mir die Tränen in die Augen treibt. Erzittern lässt und jetzt – Stunden später beim Resümieren – spüre ich den Nachhall und die Wirkung dieses Ortes.

Wer auch immer für die Schöpfung oder Entstehung dieses Planeten zuständig ist, der hat hier einen göttlichen Platz geschaffen.

Ich kann es kaum glauben, dem Himmel so nah zu sein und dabei solch intensive Naturgewalt in vollkommener Harmonie zu erleben. Einzigartig, perfekt, harmonisch und unvergesslich.

Ich kann diesen Ort so schnell nicht verlassen, verweile noch, schreibe, danke und bete. So etwas in der Art wie Beten zumindest.

Und damit tut sich das Thema der zweiten Tageshälfte vor mir auf. Das Danken und Bitten.

Für den Moment, an diesem Ort zu sein, kann ich mich mit leichter Hand bedanken. Auch für diese Tour mit all ihren Facetten und Ereignissen, mit allem, was sie mit mir macht und was sie bei mir bewirkt.

Mir sind – angeregt durch diese Gedanken – wieder einmal verschüttete Erinnerungen in den Sinn gekommen, wo ich „Danke sagen" möchte.

Außer einer Überwindung kostet das nichts. Und so gehe ich am späten Nachmittag voller Dankbarkeit einen langen, zarten Weg an einem Hang entlang. Dabei sammele ich meine Erinnerungen an dankbare Momente ebenso wie die Erinnerungen an Begegnungen mit Menschen, für die ich dankbar bin in mir. Ich drehe sie noch einmal hin und her, um sie von mehreren Seiten zu betrachten und sie dann entweder in ein geschriebenes Danke umzusetzen oder sie warm wie einen Kieselstein in meine Hosentasche zu stecken, damit sie mich daran und an diesen Tag erinnern.

Dieser Nachmittag ist ein besonderer Nachmittag. Ich habe den Eindruck, er ist länger als andere, muss er ja auch, weil er einer der letzten ist. So genieße ich das Schweigen, dabei kann ich mir wie immer am besten zuhören. Ich schwelge in anderen Dialogen, die inneren Stimmen werden lauter, größere Zusammenhänge sehe ich in neuem Licht.

Rundherum zufrieden laufe ich gegen 18 Uhr dem Rifugio Tissi entgegen und beginne mich in Wehmut zu suhlen, weil meine Tour am Sonntag ihr Ende nimmt. Im Außen zumindest. Im Inneren könnte ich noch Wochen weitergehen.

Hier angekommen treffe ich wieder auf die allseits bekannten Gesichter. Die vertraute Runde ist kleiner geworden, denn einige sind in Alleghe aus der Tour ausgestiegen.

Die Atmosphäre in der Hütte ist zauberhaft, sehr liebevoll und familiär. Innerlich beschließe ich, hier noch einmal herzukommen.

Bereits nach wenigen Minuten zähle ich diese Hütte zu meinem absoluten Favoriten. Zum einen ist die Lage grandios und einzigartig. Die Hütte liegt quasi auf einer Art Klippe, diese wiederum ragt über den See bei Alleghe. Oben steht ein Gipfelkreuz, ein ganz spezieller Aussichtspunkt. Dort verweile ich eine Zeit alleine, den Ausblick in die unendliche Weite in mir aufnehmend, und staune über so viel Himmel und so viele Berge.

Der Abend ist friedlich, der Himmel so klar, dass ich immer wieder hinausgehe, um in den Himmel zu schauen. So stehe ich auf der Terrasse, schaue nach oben und habe den Eindruck, Teil einer grandiosen dreidimensionalen Sternenkarte zu sein. Hier oben gibt es kein künstliches Licht, nur das Licht der Sterne und des Mondes. Kalt ist es draußen, ich ziehe mich wärmer an, um noch einen Moment länger draußen zu sein. Doch später sitze ich in gemütlicher Runde am Tisch, rede länger mit dem Vater der dänischen Familie, die ich natürlich auch hier wieder treffe.

Wir schlafen zu Viert im Zimmer. Neben Marita sind noch ein Mann und eine Frau dabei.

Die beiden habe ich heute auf dem Weg bereits getroffen. Abends albern wir noch ein wenig, versuchen eine Vertrautheit miteinander zu schaffen, weil wir die Nacht gemeinsam in diesem winzigen Zimmer verbringen. Ich schlafe friedlich und erfüllt ein.

Eine einzigartige Nacht in den Bergen.

# Tag 20 – 15. Juli:
# Vom Rifugio Tissi zum Rifugio Bruto Carestiato

Gleich beim Aufwachen am Morgen umschleicht mich Wehmut ebenso wie Vorfreude auf die nächsten Schritte.

So will ich diese letzten Wandertage noch einmal köstlich ausnutzen. Ich beginne den Tag im Bett, indem ich ein wenig länger hier oben in diesem „Nest" bleibe.

Allerdings habe ich die ganze Nacht über gefröstelt. Das Fenster war auf, die Nacht war kalt, sicher liegt das an der großen Höhe hier. Wir sind auf einer Höhe von 2260 Meter, das ist nicht ohne.

Ich sitze noch selig in meinem Bett, eingemummelt in meinen Schlafsack, viertele mir einen Apfel und löffele einen Joghurt, den ich gestern mühevoll den Berg hinaufgetragen habe. Ein kleiner, geheimer, geborgener Moment. Und so komme ich wieder ins Nachdenken und Sinnieren. Meine Mitschläfer sind weg, es ist ruhig, nur das leise Getrappel an und auf dem Flur erinnert mich daran, dass hier noch andere Menschen sind.

Natürlich ist es einfach, in einem 4- oder 5-Sterne-Hotel zu übernachten und dort ein köstliches Einzelzimmer zu buchen. Allerdings gibt es dort nicht diese Abgeschiedenheit, die ich so schätze. Die gibt es in solchen Hütten wie den diesen hier. Allerdings spreche ich von der Abgeschiedenheit im Außen. Nach innen hin werden auf engstem Raum fremde Menschen zusammengelegt. Die Intimsphäre ist extrem eingeschränkt: kein eigenes Bad, die Rucksäcke dicht beieinander, Schlafgeräusche und Gewohnheiten der anderen, die verschiedenen Energien und Routinen der Paare, die sich zwischen die Einzelreisenden mischen.

Die Frage ist dann, bei all diesen Fremden, wie so etwas wie Geborgenheit oder ein persönlicher, kleiner Schutzraum entstehen kann.

Es ist mir ja in all den Tagen und Abenden gelungen, mich in der Stimmenvielfalt eines Hüttenabends so zu entspannen, dass ich gut bei mir sein, im Gespräch mit einem anderen Menschen oder sogar auch schreiben kann.

Und nun, auf dem oberen Bett sitzend, gemütlich in meinem Schlafsack gehüllt, fühle ich mich geborgen. So war es auch schon die Nacht über.

Die Frage nach der Geborgenheit ist spannend, so befinde ich es an diesem Morgen. An den anderen Hüttentagen ist es mir nicht so aufgefallen wie heute.

Was ist Geborgenheit? Wo finden wir sie?

Man könnte der Frage nachgehen: Was macht die Geborgenheit im normalen Alltag aus? Brauchen wir die großen Häuser? Auf Hypotheken bezahlt? Brauchen wir die großen Autos? Die Sofalandschaft? Ist das alles wirklich notwendig?

Was wäre, wenn wir unsere Sachen packen würden und uns auf den Weg machen? So eine Wanderung zu machen wie diese. Was brauchen wir wirklich und welche Dinge nehmen wir mit, damit wir Geborgenheit haben? Damit wir das Gefühl von Zuhause oder auch Heimat haben.

Und ich möchte die Frage aufwerfen: Wie entsteht Geborgenheit in uns? Durch Rituale? Durch Gewohnheiten? Durch Materielles? Für mich sind es auch Gewohnheiten. Für mich ist es ein ganz besonderer Moment der persönlichen Geborgenheit, wenn ich morgens hier noch einen Moment im Bett verweile und alle anderen schon auf sind. Es ist so eine wunderbare Stille, die nur mir gehört. Es ist alles funktional, unglaublich alt, aber gepflegt und sehr schön. Es ist vieles aus Holz. Es sind klitzekleine Gardinen vor den Fenstern, die den Blick in die weite Bergwelt leiten. Es ist geborgen. Es ist klein. Es ist muckelig.

Es ist sehr eng hier, vielleicht vermittelt es deshalb Geborgenheit? Und ich frage mich: Was macht Geborgenheit aus? Wenn es draußen regnen würde, wäre es vielleicht noch geborgener. Für mich ist diese Geborgenheit der Moment, wo ich Ruhe für mich habe und meine kleinen Dinge um mich herum versammeln kann, die mir Schutz geben, Sicherheit und vielleicht auch Heimat.

Für mich sind es hier auf dieser Wanderung auch ganz klare Kriterien: meine Schuhe, mein Rucksack, den ich immer auf ein- und dieselbe Weise packe.

Geborgenheit geben mir wirklich die Dinge, die ich bei mir habe: Schlafsack, aufblasbares Kopfkissen, Lieblingskleidungsstücke, meine Lieblingshautcreme etc.

Auch das Knarren des Holzes der Betten und Dielen auf den Hütten, die beginnenden Morgengeräusche all der Übernachtenden, von denen ich immer einige mehrfach getroffen habe.

Geborgenheit schenken auch die Hüttenwirte durch ihre Art, die Hütte zu führen, einzurichten, uns zu begrüßen und vieles andere mehr. Das Licht, die Einrichtung, das Ambiente.

Es sind kleine Gesten des Miteinanders, die in diesen drei Wochen Geborgenheit schenken: ein Lächeln, ein gemeinsamer Grappa bei der Ankunft, ein kurzer Austausch über die Tour.

Und die Routinen, die mir hier auf dieser Wanderung Halt und eben Geborgenheit geben: das tägliche Wäschewaschen, das Schreiben, das Picknick gegen 12 Uhr. Das Einrichten meiner Bettstatt. Die Kleidungsstücke, die mich begleiten, die beiden Wanderstöcke.

Gut, dann heißt es aber auch für mich Aufstehen. Bevor ich diese Lieblingshütte verlasse, gehe ich noch einmal auf den Berggipfel hoch, auf dessen Rücken die Hütte sicher liegt. Dort oben meditiere ich, um diesen kostbaren Ort sicher und fest in meine Erinnerung zu nehmen.

Als ich dann in die Hütte eintrete, um meinen Rucksack mit mir zu nehmen, blicke ich noch einmal auf mein Handy und lese die Nachrichten von den Ereignissen in Nizza.

Was für ein Stimmungswechsel, von dieser Freiheit und Naturnähe hier oben auf der Hütte in die Vorstellung von so viel Schmerz in Nizza. Ich verfolge die Nachrichten nur punktuell, ich möchte sie eher von mir fernhalten. Es sind die letzten Tage. Und hier oben kann ich außer Mitfühlen, Beten und kleinen anderen Dinge nicht viel tun.

Doch, natürlich, ich kann meine eigenen Gaben, Talente und Fähigkeiten so nutzen, dass ich der Welt daraus etwas zur Verfügung stelle. Das alleine ist viel wert. Und ich kann nach wie vor dafür sorgen, mit Bedacht und Besinnung zu konsumieren, sodass ich nicht allzu sehr auf Kosten anderer lebe.

Aber gerade jetzt – hier – an diesem Tag kann ich nichts wirklich Veränderndes tun.

So gehe ich meinen Weg heute wieder alleine, Marita und ich sehen uns am Abend. Ich will die letzten Tage ganz für mich, und heute ist der vorvorletzte Tag. Ach je, wie schnell ging diese eindrückliche Zeit vorüber.

Was heißt es aber, alleine zu gehen?

Man kann trödeln, sich beeilen, stehenbleiben, wo man will, träumen, vor sich hin singen (mit passendem oder eben nicht passendem Text, richtigen oder falschen Tönen), fluchen, weinen, glücklich sein, ganz wie man will. Schweigen und Nicht-Reden (seit Tagen frage ich mich, ob das etwas anderes ist als Schweigen oder Stille?), den inneren Stimmen lauschen, Gedanken zu Ende denken. Auf die Klänge und Stimmen der Natur lauschen. Welches Konzert sich hier allerorten bietet. Alleine die unterschiedlichen Klänge des Windes.

Auch können wir uns den Tieren leise und vorsichtig nähern. Das gelingt alleine besser, wir können sie ruhig und still betrachten.

Ein unperfektes Dahergehen ist möglich, egal, in welcher Stimmung wir sind.

Wir sind aber auch alleine für den Weg verantwortlich, für die Strecke und das Ankommen am Ziel. Selbstverständlich müssen wir uns selber motivieren, gerade dann, wenn die inneren und äußeren Kräfte schwinden.

Auf den anspruchsvollen Wegstrecken müssen wir besonders achtsam sein, keiner kann uns so schnell helfen, wenn etwas schief geht.

Und wir brauchen in müden Momenten ein gutes Wort für uns. All das kommt aus uns heraus.

Auch werden uns beim Alleinegehen die eigenen Schwächen und Stärken bewusst, wir müssen sie hinnehmen, wir haben sie zu balancieren.

Das aber ist hier für mich eine der wesentlichen Erkenntnisse, denn dadurch können wir uns besser „innerlich" aufräumen. Dann sind wir auch im Zusammensein mit anderen klarer, uns ist bewusst, was wir geben können und wollen, und uns ist bewusst, was wir nehmen wollen, was wir benötigen.

Nun verstehe ich auch den Zusammenhang zu meinen Seminaren und Workshops, dort räume ich immer wieder Zeiten für sich selbst ein. Um sich zu sammeln, klarer mit sich zu sein und die eigene Kraft und Wirksamkeit zu vertiefen.

Die Wanderung geht durch die einmalige Dolomitenlandschaft, bergauf, bergab, über Stock und Stein, an Kühen vorbei. Almen. Wälder. Traumhaft.

Die Gewalt und Vernichtung dieser Welt sind weit weg für mich – dennoch denke ich nach, was wir tun können, um diese Welt noch zu retten.

Am Abend ist mit mir nicht mehr viel los. Ich setze mich zu der Tischrunde, plaudere ein wenig, verfolge die Gesprächsfäden und nehme aktiv daran teil, gehe dann aber auch bald in unser mit zwei Personen belegtes 4-Bett-Zimmer hoch, schreibe, genieße den Blick aus dem Fenster und meine Ruhe. Meine vorletzte Nacht. Und ich denke über Gott nach, das wurde ja auch mal Zeit.

Gibt es Gott? Auch diese Frage geht mir fast täglich durch den Sinn.

Aber heute ganz besonders. Denn wer solch einmalige Plätze schafft wie diese, denen ich seit Tagen begegne, der muss göttlich sein.

Natürlich ist Gott nicht der Mann mit einem weißen Hemd, Sandalen und einem grauen Bart, so wie ich ihn mir als Kind vorgestellt habe. Aber wer oder was begleitet uns im Geiste oder in der Seele, wenn wir von Gott oder etwas Göttlichem sprechen?

Jede Kultur hat irgendeinen Gott oder eine Vorstellung einer spirituellen Welt. Er oder sie hat so viele Namen.

Und hier oben, dem Himmel so nah, fühle ich in manchen Momenten, dass Gott ganz nah ist. Als könnte ich diese spirituelle Kraft greifen, mich von ihr tragen lassen, wie in einem unsichtbaren Mantel.

Mein Kopf weiß, dass unsere Erde nicht, wie im alten Testament beschrieben, in sechs Tagen geschaffen worden ist.

Selbst als Kind konnte ich mir das schon nicht wirklich vorstellen.

Aber hier jetzt, in diesen Bergen, an einem Platz wie dem heutigen, wo ich vor Ehrfurcht und Schöpferkraft erzittere, spukt der Gedanke erneut in meinem Kopf: Dieses Szenario ist perfekt geschaffen. Da muss eine Künstlerin oder ein Künstler selbst Hand angelegt haben.

Und wenn ich mir dann im nächsten Moment vorstelle, dass hier einmal Wasser, also Meer war, sprengt dies meine Vorstellungskraft.

Hape Kerkeling war auf seiner Wanderung – oder seinem Pilgerweg – auch mit dieser Frage beschäftigt. Käme er jetzt hier um die Ecke, würde ich am liebsten eine Tasse Tee und ein Stück leckeren Kuchen mit ihm essen, um dann diese Frage mit ihm zu erörtern. Es ist eine der schönsten Fragen, die wir uns stellen können.

Und nun aber gute Nacht, liebe Barbara.

# Tag 21 – 16. Juli:
# Vom Rifugio Bruto Carestiato zum Rifugio Pian de Fontana

Eigentlich bin ich ohne Worte. Der Tag war reich, voll, satt, ermüdend. Immer wieder versuche ich – neben der Sache mit Nizza – einen Schwerpunkt des heutigen Tages zu fixieren. Es gelingt mir nicht, so viele Stimmen sind in mir, die Gehör wünschen. Wehmut, was das Ende dieser Reise angeht, ist immer wieder dabei.

Worte fehlen mir auch für die aufkommende Sehnsucht nach meinen Lieblingsmenschen, die Aussicht auf einen anderen Trott in den nächsten Tagen. Die Fragen nach der kommenden Zeit, ohne den feinen Gleichmut, ohne Rucksack und Wanderschuhe tauchen am Firmament auf, wie die Gipfel, die sich rosa im Morgengetümmel des Sonnenaufgangs suhlen. Auch Marita, mit ihrer ruhigen, feinen Stille, die mich seit Tagen in den Morgen führt, werde ich missen. Nichts Besonderes, liebevoll, ehrlich und echt, so führt sie Morgen für Morgen ihre Routine durch. Verlässlich, greifbar, doch bald schon Vergangenheit – eine der vielen Geschichten aus der Vergangenheit. Jedoch eine der Geschichten von Frieden und Ehrlichkeit.

Der Morgen, tja, der war ganz speziell. Und er knüpfte, was die Tischrunde angeht, an den gestrigen Abend an. Wir wurden halt platziert.

Das Frühstück hätte ich mir – wie so oft – schenken können. Dennoch will ich diesen Morgen nicht wieder „unangenehm auffallen", weil ich nichts esse. (Was ja nicht stimmt, nur habe ich keinen Joghurt und auch keine Äpfel mehr.) Und gerne würde ich einen Kaffee in Gesellschaft trinken, es ist der vorletzte Tag. Marita hat sich gewünscht, dass wir heute zusammen laufen, diesem Wunsch komme ich sehr gerne nach, also frühstücken wir auch zusammen. Auch mit der Tischrunde von gestern Abend. Also das eigenartige Pärchen, ich nenne sie einfach mal Hartmut und Martina.

Mit einer ehemaligen Altenpflegerin, nämlich mir und einer Physiotherapeutin, nämlich Marita, nutzt Hartmut diese versierte Runde natürlich, um über seine gesundheitliche Gesamtsituation zu sprechen. Ich schalte wieder – zumindest innerlich – ab.

Marita allerdings hört freundlich zu, lässt sich diverse Körperteile zeigen und gibt, so wie das eben hier am Frühstückstisch möglich ist, Tipps. Ich bewundere ihre Geduld, denke aber so bei mir, dass ich froh bin, einfach ein wenig vor mich hin zu sinnieren. Das heutige Sinnieren beinhaltet auch, dass ich mir vom angebotenen Brot etwas nehme, eine Scheibe Käse darauf lege und friedlich eine Tasse Kaffee trinke.

Und plötzlich wird das Gespräch doch spannend, ich horche auf.

„Wie soll ich denn mit diesem Bauch den Klettersteig gehen?", fragt Hartmut, lässt seine kleinen Äuglein über die drei Frauen an diesem Tisch streichen, nimmt den Teelöffel und füllt sich in aller Ruhe drei Löffel Zucker in seine kleine Kaffeetasse. Ich staune. Ist doch der Kaffee sowieso ein Muckefuck, also ein Getreidekaffee. Und per se nicht bitter.

Aber er legt noch nach und streut drei Esslöffel Zucker über die Cornflakes. Wow.

Nun bin ich wirklich irritiert und verbiete mir dann doch ob des nahenden Endes der Frühstücksrunde einen ehrlichen Beitrag. Meine Frage wäre ungefähr so:

„Was glaubst du, was ich über dich denke, dass du einerseits ironische Witze oder Bemerkungen über deinen Bauch machst und dann mindestens sechs Löffel Zucker in zehn Minuten zu dir nimmst?"

Ich frage mich allen Ernstes, wie bewusst er sich selber zuhört.

Einerseits spricht er von seinem „dicken" Bauch, den er auch hat. Und dann soviel Zucker. Sicher wissen alle Kinder an den Nachbartischen, dass Zucker in diesen Mengen nicht gesund ist. Und dann er mit dieser Aussage. Vermutlich will er gar nicht wirklich über seinen Bauch sprechen, es war sicher nur so eine Art „selbstironische" Bemerkung. Vielleicht eine Floskel, vielleicht eine Art Entschuldigung oder einfach ein Witz.

Es wäre sicher eine längere Diskussion, die mir den Start in den vorletzten Wandertag vielleicht trüben würde. Also habe ich es gelassen. Bin ja nicht als Gesundheitsberaterin hier. Und weiß zudem selber genau, wie schnell Kilos hoch oder runter gehen, je nachdem, wie die Balance zwischen Bewegung und Ernährung ist.

Und dann geht es wieder in die Schuhe, die über Nacht leicht müffelnd mit all den anderen Schuhen zusammen in einem kleinen Raum standen. Die Luft darin ist wirklich zum Schneiden. An solchen Tagen verstehe ich gut, dass es diese Regel ist, die Wanderschuhe gleich beim Eintritt in die Hütten abzustellen.

Aber nun ist es soweit, der letzte Tag in den Bergen. Rucksack auf und los!

Denn das habe ich bisher immer getan: mir Schwerpunkte zu wählen, Fragen oder Kernideen, doch heute war das schwer. Es war ein schwerer Tag, der zugleich einer der schönsten war.

Schritte, Höhenmeter, Weite, Himmel und Tiefe. Mächtige Berge in allen Himmelsrichtungen. Bilderbuchlandschaften aller Couleur.

Aber auch wieder Ängste bei den teils sehr hohen Wegen, den Scharten und Übergängen.

An einer Stelle hatte ich extrem zu kämpfen, bewältigte sie dann aber doch mit guter Konzentration. Ich bin stolz auf mich, als ich oben an diesem schmalen Kamm angekommen bin. Und zugleich merke ich, wie winzig wir Menschen hier in den Bergen sind.

Mehrfach bleiben wir stehen, tief beeindruckt von den Panoramen in alle Richtungen. Die Sonne scheint, alles ist einzigartig, grandios und faszinierend. Ich sauge alles noch einmal auf, intensiver als sonst.

Wir halten ein schönes Picknick auf mächtigen Felsen sitzend, teilen wie so oft unsere Salami- und Schüttelbrotreste und sprechen in dieser Pause viel über die gemeinsamen Tage. Es war eine gute gemeinsame Zeit, stellen wir einvernehmlich fest. Besser hätten wir es nicht treffen können. Was für ein schönes, reifes Gefühl. Wir lächeln uns an, und mir wird so wunderbar warm ums Herz. Wie gut doch die Welt sein kann.

Zum späten Nachmittag dann haben wir einen sogar extra als besonders schwierig ausgeschilderten Abstieg vor uns. Der hat es nun wirklich in sich und gibt mir sozusagen „den Rest". Bereits nach kurzer Zeit schmerzen Füße und Knie. Unsere bewährte Strategie, uns mit Witzen, lustigen Filmausschnitten oder auch interessanten Geschichten aus dem Leben aufzuheitern, scheitert hier. Denn jede von uns ist extrem konzentriert. Mit zunehmendem Abstieg spüre ich, dass ich dieses Tal als sehr eng empfinde, es macht sich so ein Platzangstgefühl in mir breit. Da spüre ich wieder meine Flachlandgewohnheiten. Hier wird mir klamm. Aber ich habe wenig Zeit, mir wirklich Gedanken darüber zu machen, denn wir sind recht spät.

Doch dann, zum Ende dieses heftigen Abstiegs, erreiche ich mein letztes Hüttenevent, das Rifigio Pian de Fontana.

Hier kommt noch einmal alles zusammen, was ich an Hütten erlebe: grandiose Location, herzliche Hüttenwirte, Enge, Lärm, Schnarchen, kontinuierliches Geraschel, kalte Duschen, öffentliche Waschräume, dunkler Schlafraum mit 16 (!) Betten. Fünf Nationen in einem Raum! Neben all diesen Eindrücken, den vertrauten Menschen, die ich hier wiedertreffe und mit denen ich auch am Abend lange den gemeinsamem Esstisch teile, mischen sich Wehmut über das Ende dieser Tour, aber auch die Vorfreude. Das wechselt so ein bisschen, je nach Ablenkungsgrad.

Wir sitzen lange zusammen, die nun mehr und mehr bekannte Familie aus Dänemark, der ich seit einer Woche täglich begegne, und zwei Wandergefährtinnen, mit denen ich immer mal wieder ein Stück gemeinsam gegangen bin. Uns allen stehen die Erlebnisse der letzten Tage und Wochen in den Gesichtern, wir versuchen, unsere Erfahrungen und Eindrücke in einem herrlichen Sprachengewirr abzugleichen, festzuhalten. Uns allen ist bewusst, dass dies der letzte Abend ist.

Der Abend ist lang, in der Nacht schlafe ich tief und fest.

Still – ein letztes Mal inmitten der Berge!

Ich liege noch länger wach, die Nacht ist – bis auf das Schnarchen – still.

Auf dieser Hütte wird mir bewusst, wie erschöpft wir wandernden Menschen am Abend und in der Nacht sind. Die Wanderungen, die beständigen Auf- und Abstiege füllen uns mit Glücksmomenten und vielen Eindrücken an, sie fordern aber auch ihre Kraft, und das wird dann am Abend und in der Nacht deutlich.

So liege ich noch zufrieden in meinem Bett, welches fast schon hängemattenartig durchhängt, aber selbst das erschüttert mich nicht mehr wirklich. Ich nehme das alles hin, die Wärme in den Gesprächen des heutigen Abends, die Verbundenheit, das reichhaltige Essen, der Wein, die Erschöpfung, alles das stimmt mich wohlig ein.

Kinoartig lasse ich Bilder an mir vorüber passieren, versuche die überwältigenden Eindrücke des Tages in mir zu halten, die Bilder der mächtigen Berge einzusammeln, festzuhalten – am liebsten für immer. Ähnlich wie meine Großmutter den Duft des frühen Sommers in Form von Erdbeermarmelade, deren Duft sich beim Einkochen im ganzen Haus verbreitete, liebevoll einfing.

Ich bin dankbar, drei Wochen lang meine kleine Welt gehabt zu haben. Wo die Berge duften, der Himmel über mir so weit ist, wo sich Murmeltier und Steinbock gute Nacht sagen, ist die Welt noch in Ordnung. So scheint es mir zumindest.

*Und was wäre wenn?*

*Was wäre, wenn ich wüsste, ich habe nur noch ein Jahr zu leben?*

*Wenn eine Krankheit, die ich nicht besiegen könnte, mein Leben beenden würde. Oder wenn ich Opfer eines Unfalles wäre? Oder wenn das, was uns derzeit sicher allen mal durch die Glieder fährt, wenn ich bei einem Terroranschlag, einer kriegerischen Handlung oder auch einem Atomunfall dem Tode anheim fallen würde?*

*Was wäre in diesem Jahr?*

*Was würde ich noch erleben wollen, machen oder tun?*

Ich würde liebend gerne noch einmal eine solche Wanderung machen. Entweder einfach diese, sie ist so imposant, dass es mir ein zweites Mal vermutlich einen mindestens ähnlichen Genuss und ein ähnliches Erleben schenken würde.

Oder in Amerika den Pacific Coast Trail oder auch den Appalachian Trail.

Ich würde gerne eine Zeitlang bei den Lakota Indianern leben wollen. Ich würde noch mindestens drei Bücher schreiben wollen. Eines über mein Leben, eines mit den erotischen Geschichten, die alle noch unfertig in meinem Laptop schlummern, und ich möchte meine Gedichte in einem kleinen Band versammelt verewigen. Träume, Vorhaben, Ideen, erst im Kopf, dann auf dem Papier und dann der nächste Schritt. Sichtbar zu werden, das Eigene ein wenig mehr nach außen kehren als gewöhnlich.

Mit wem möchte ich dieses Jahr verbringen? Ich möchte am liebsten superschnell Großmutter sein, um meine Enkelkinderschar noch zu erleben. (Von der ich hoffe, dass es sie geben wird). Ich möchte jeden Monat zwei Tage mit meiner Tochter verbringen, ihr noch Dinge auf dieser Welt zeigen, die ich für wichtig halte, damit sie weiß, dass es das gibt. Dinge, die ich ihr zeigen kann.

Ich möchte so viel Zeit wie möglich in meiner Partnerschaft verbringen, nicht jeden Tag, denn das Alleinesein ist für mich ein so wertvolle Zeit geworden. Tröstlich, verbindend und still. Zusammen möchte ich reisen, zu Fuß und mit dem Paddelboot.

Ich möchte gemeinsam die Familien – alle, die irgendwie dazugehören, besuchen. Zeit mit ihnen verbringen. Ich möchte gemeinsam – und auch alleine – die wesentlichen Freundinnen und Freunde in unseren Leben und auf unseren Lebenswegen besuchen, Zeit mit ihnen verbringen.

Ich möchte noch oft Sushi essen. Vielleicht würde ich noch ein paar Tage oder gar Wochen in dem Haus leben, was ich jetzt endlich beginne zu bauen. Heimat noch einmal neu einnehmen. Morgens nach dem Aufwachen meine Füße auf den Rasen stellen, Grün atmen, Tau tanken und nach oben schauen. Die Erde achten, mein Tagewerk beginnen und vollenden, so gut ich es vermag. Das Leben umarmen, in das Fell meiner geliebten Katze Hexe schnuppern, ihr danken, dass sie lange schon an meiner Seite leben mag. Marmelade und Puffer backen, meinen Ahnen zum Gedenken über die Stränge schlagen.

Leben, lieben, lachen, wie es auf meinem Schlüsselanhänger steht. Dankbar sein. Diese drei Wochen haben mich so verändert. Danke dafür.

Ich möchte so oft es geht, ans Meer, noch oft paddeln, am liebsten auf meinen Lieblingsseen. Draußen schlafen, zelten, am Meer übernachten, Feuernächte durchweilen und diskutieren. Mit Freunden draußen sein. Den Mond mit den Sternschnuppengefährten beobachten, während ich Johannisbeeren aus dem Busch neben mir angele. Nachts im Mondlicht schwimmen. Beten. Nacktschnecken aufsammeln. Schmetterlingen zuschauen, wie sie Blumen besuchen und Gänseblümchen essen. Und in Augen baden.

*Und wenn es nur ein Monat wäre?*
*Oder eine Woche?*
*Was für eine Frage.*

Ich erinnere mich noch an den Tag auf dem Piz Boè, da sagte ich zu Marita: „In meinem blauen Notizbuch sind vorne drei Telefonnummern. Rufst du sie bitte an, wenn etwas mit mir ist?" Ja, da war eben Gefahr, da war uns bewusst, dass es auch möglich sein kann, nicht zurückzukommen.

Ich nehme diese Fragen weiter mit mir. Sie helfen mir, die Tage hier, die kommende Zeit und das ganze Leben noch bewusster zu erleben.

Und nun gute Nacht!

# Tag 22 – 17. Juli: Vom Rifugio Pian de Fontana nach Belluno

Draußen ist es kalt. Richtig kalt, denn die Sonne versteckt sich noch hinter den Bergen. Das Tal ist für meine Begriffe auch an diesem Morgen recht eng. Und mir sitzt die Nacht mitsamt dem letzten Abend noch ein wenig im Gemüt, aber nicht wirklich, denn ich freue mich auf den Abstieg, auf das Ankommen, auf das Abgeholt-Werden.

Aber auch die andere Seite klingt in mir, das Noch-weiter-Wollen, das Länger-unterwegs-sein-Wollen. Der Wunsch nach noch mehr Freiheit. Nach mehr Zeit in diesem göttlichen Übergang zwischen Realität und Entrückt-Sein, Weiter-Wollen und Abenteuer-Suchen.

Die Nacht war – wie kann es anders sein – unruhig. Es war eines der üblichen Schnarchkonzerte, gedämpfter als sonst – bis mich dann mitten in der Nacht einer der Ohrstöpsel verließ. Und eben diesen fand ich nicht mehr wieder. Zu dunkel war es. So schlief ich dann einfach auf der einen Seite, auf der anderen saß ja der Ohrstöpsel in meinem Ohr.

Das ging auch. Zumindest provisorisch. Unter mir schlief Cordula, die Heldin, die in diesem Jahr als erstes die Friesenkopfscharte bezwang. Das aber merkte ich erst, als ich morgens wach war und all die Gestalten des vollen Schlafraumes im Halbdunkel erkannte. Ein geborgenes Gefühl.

Der gestrige Abend hatte etwas von endgültigem Abschied, von Wehmut. So ist es mit dem letzten Mal. Hier wusste ich, dass es das letzte Mal ist. Und kann mich daran erinnern. Und heute Morgen gibt es dann den nächsten Abschied. Einige treffe ich heute noch einmal auf der Route, andere nicht, sie nehmen einen anderen Weg, den mit den ausgeprägten Klettersteigen, die ich nicht möchte und die ich auch nicht bewältigen kann. Ich möchte bei meinem Vorhaben bleiben, heute Abend in Belluno anzukommen.

Heute ist alles anders. Das letzte Mal die Wanderschuhe anziehen. Das letzte Mal den Rucksack am Morgen aufsetzen. Das letzte Mal den Berg hoch, zumindest ein Stück. Ach, alles irgendwie das letzte Mal.

Das letzte Mal Marita vertrösten, dass ich „gleich soweit bin". Zwar ist der Anstieg nicht besonders anspruchsvoll, aber dennoch komme ich ins Schwitzen, als es bergauf geht. Der Weg geht durch sanfte Wälder, punktuell könnten diese Stellen auch im Harz sein, denke ich so bei mir. Ich schaue oft zurück, mache noch einmal viele Fotos, schreibe mir Notizen auf und werde mit jedem Schritt wehmütiger.

Es gibt einen Punkt oben, ab dem geht es dann nur noch hinunter. Oben jedoch sind wunderschöne Blumen, sie buhlen noch einmal um meine Aufmerksamkeit, und ich fotografiere sie. Damit scheinen sie zufrieden zu sein.

Ab dann geht es durch Wälder bergab, lange einen Forstweg, dann einen geschwungenen Trampelpfad am bewaldeten Hang entlang. Schneller als gedacht verschwinden die Berge.

Die Dolomiten, die alpine Bergwelt ist weg. Nach zwei Stunden Abstieg sind wir an der Straße. Mittlerweile ist es sehr heiß geworden. Von daher freue ich mich sehr über den Badegumpen, den ein Bach versteckt hinter der Landstraße geschaffen hat. Dort bade ich, ruhe aus, sammele mich und mache viele wunderschöne Fotos. Aber ich bin traurig und auch nicht-traurig. Es ist diese seltsame Mischung aus Wehmut über das, was war und nicht zu wissen, was kommt, am liebsten die Zeit anhaltend, weil wir nicht wissen, was kommt. Ein seltener und kostbarer Moment.

Ab dann geht es auf der Landstraße Richtung Belluno weiter. Zunächst wandern wir vergnügt, dann wird es Kilometer für Kilometer anstrengender. Erst will ich es nicht glauben, aber ich laufe mir eine Blase, die Füße sind nicht an diese Hitze gewöhnt. Es wird heißer und heißer. Wir träumen von Eis, von Schatten und kühlem Wind. Irgendwann finden wir ein Café nah bei der Straße. Wir setzen uns in diese recht müde Szenerie aus handyspielenden Jugendlichen und essen jeweils drei Wassereis. Etwas, was ich noch nie in meinem Leben gemacht habe. Aber dann weiter, noch zwei Liter Wasser auffüllen und gehen.

Es wird mehr und mehr ein zähes Wandern, entlang der Straße. Einmal hält ein Taxi, einmal ein Auto mit zwei Männern, die uns jeweils mitnehmen wollen. Sie reagieren mit Unverständnis, als wir deutlich sagen, dass wir nicht mitwollen. Dieser Teil der Tour hat nichts mehr mit einer Alpenwanderung zu tun, finde ich.

Meine idealisierten Vorstellungen von einem romantischen Marktplatz mit Pizzeria zerplatzen mit jedem Kilometer, den wir der Stadtmitte näher kommen.

Wir machen eine Fotosession an einem Ortsschild, doch so richtig Hochstimmung stellt sich nicht ein.

Kurz vor dem in meinen Augen zerfaserten Zentrum von Belluno werden wir von meiner Gefährtin abgeholt. Sie steht dort mit Sekt, und ich werfe alles von mir, was gerade stört: Rucksack, Schuhe und Stöcke. Wir trinken Sekt und wanken dann müde zu einer Pizzeria. Gleich nebenan findet Marita ein Hotelzimmer, sodass auch für sie gut gesorgt ist.

Es ist fast nicht zu glauben, kaum sitzen wir dort, taucht Cordula auf. So sind wir schnell zu viert. Essen und erzählen, laden meine Partnerin in unsere Geschichten ein, die sie sehr gut kennt, da sie meinen Alpenblog betreut hat.

Der Abend wird lang, der Abschied fällt schwer. Zu guter Letzt taucht noch eine Frau auf, die ich bereits in der ersten Woche getroffen habe. Wie klein die Welt ist.

## Angekommen

Nun bin ich angekommen in Belluno nach drei Wochen und einem Tag.

Müde, voll und zufrieden. Aber auch – quasi sofort – überfordert vom neuen Alltag.

Plötzlich soll dieses Unterwegssein zu Ende sein? Die tägliche Routine von Schuhe an, Rucksack aufsetzen und losgehen?

Wie leicht ist es, unterwegs zu sein und einfach zu laufen, statt unseren Alltag zu organisieren.

Mehr als 30 Kilometer liegen heute hinter mir. Davon 16 auf der Landstraße – auch die letzten Kilometer sind wir gegangen.

Stolz, Freude, Wehmut mischen sich mit den Erinnerungen, die mich anfüllen, die mich fast schon überrollen. Unsortiert, reichhaltig, sinnlich und bildhaft.

Ich bin froh, diesen Weg gegangen zu sein und freue mich auf die tiefere und weiterführende Verarbeitung in Büchern, Workshops und Vorträgen.

### Und was ist, wenn wir ankommen?

Ist es so, wie wir es uns ausgemalt haben? Entspricht es dem, was wir in den sehnsuchtsvollen Stunden erhofft haben?

Wer eine Fernbeziehung erlebt hat, der weiß, wie groß die Bandbreite zwischen Hoffnung und anschließender Realität ist.

Was ist das Vorher, wenn wir irgendwo ankommen?

Seit dem Sommer 2014 bin ich – was Gebäude, Häuser oder auch Wohnungen angeht, heimatlos. Eine Anschrift hatte ich immer, nur lebte ich dort nicht.

Nach wie vor gibt es noch keinen Platz, den ich einnehmen kann, nachdem ich mein geliebtes Haus hergegeben habe. Das braucht noch einen Moment.

Und vielleicht bin ich deshalb so hellhörig, wenn es um das Ankommen geht.

In diesen drei Wochen bin ich jeden Tag angekommen. Zumindest für eine Nacht. Ich habe dort eine kleine Weile Zeit verbracht. Und meist bin ich am Morgen darauf anders losgegangen, als ich am Abend zuvor angekommen war.

In diesen drei Wochen war ich – bis auf ganz wenige Momente – immer zuhause, immer bei mir.

Ohne meine Wanderschuhe wäre ich aufgeschmissen gewesen, sie waren unverzichtbar. Sie waren ein Stück meiner Heimat. Ebenso mein Rucksack.

Manchen Moment zögerte ich, ob ich am Gipfel, Pass oder einer waghalsigen und riskanten Scharte zuhause war, das war mir unmöglich. Aber in der Geborgenheit der Hütten, meinen kleinen Routinen, meiner eigenen Stille und Ruhe, war ich so etwas wie zuhause. Und immer in der Zeit draußen, dem Mich-anvertrauen-an-die-Natur fühlte ich mich zuhause. Auch wenn ich morgens losging und abends ankam, meine Geborgenheit kam mit mir mit.

Aber welche Erwartungen hatte ich vom Vorher zum Nachher?

Wie sollte es werden, welche Hoffnungen hegte ich für die Zeit danach?

Dachte ich allen Ernstes, dass sich Probleme und Herausforderungen in diesen drei Wochen verflüchtigen?

Und nun ist der Alltag anders. In mir ist eine Erfahrung, die ich vorher noch nie hatte. Danke an mich für diese drei Wochen.

Danke auch an die Berge, an Nicola. Diese drei Wochen gehören zu den größten und schönsten Abenteuers meines Lebens.

# Zur Autorin

Spricht man in gängigen Mustern, so ist Barbara Messer Trainerin, Rednerin, Coach und Schriftstellerin. Dabei ist sie so revolutionär, dass sie sich selbst immer wieder neu erfindet – und noch viel mehr: ein lebendiges Modell für Mut, innere Freiheit und Resilienz.

Sie gilt als Leuchtturm und als „Stehaufmännchen". Wenn sie etwas anpackt, ändert es sich grundlegend.

Barbara Messer ist eine Visionärin mit ausgeprägter Intuition und entwickelt oft verblüffende Lösungsansätze. Überflüssiges und Unnötiges lässt sie weg, sodass das Wesentliche sichtbar wird. Sie findet die richtigen Worte, auch Unbequemes zu benennen und Unwahres aufzuzeigen. Diese absolute Präsenz im Jetzt und die Wertschätzung des Moments machen es ihr möglich, extrem gut zu sortieren und zu priorisieren.

Sie ist revolutionär, weil sie vieles infrage stellt, komplett anders arbeitet als die Mehrheit und weit ab vom Mainstream – meist in anti-digitalen Settings. Dabei verfügt sie über ein hohes Wissen, viel Handwerk und Können und nutzt ihre Erfahrung und Intuition, um Trainings, Vorträge, Workshops und Coachings zu einem intensiven Ereignis werden zu lassen. Und damit die Sache „Hand und Fuß hat", lässt sie sich regelmäßig nach den Richtlinien des DVWO zertifizieren.

Barbara Messer schreibt mit Passion – zahlreiche Fachbücher, Ratgeber, Gedichte und ein Geschichten-Band sind in den letzten 15 Jahren entstanden. Sie gibt ihr großes Fachwissen weiter, beschreibt sorgfältig Handreichungen und Lösungsansätze, hinterfragt auf die ihr typische Weise Bestehendes. Mit ihrem kritischen Geist verknüpft sie verschiedene Lebensbereiche und lässt so ganz neue Einsichten zu. Ihre Bücher aus dem Bereich der Pflege und des Trainings sind selbstredende Beispiele dafür.

Mit vielen ihrer Texte berührt sie die Menschen zutiefst, weil sie Worte findet, die Mut machen, die Ungesagtes ans Licht bringen und oft eine unbekannte Sichtweise eröffnen. Auch spricht sie hierin Dinge aus, die andere nicht unbedingt sagen können oder mögen.

Barbara Messer schreibt nicht nur Bücher, sondern ebenso tiefgehende Texte und Reden, Gedichte und Briefe. Alles mit absoluter Überzeugung und Hingabe für jedes geschriebene Wort.

## Kontakt:

Barbara Messer
Buchwaldzeile 45
14089 Berlin

Telefon:+49 30 7676308-0
E-Mail: info@barbara-messer.de

Persönliche Homepage: www.barbara-messer.de

Facebook: www.facebook.com/Barbara.Messer.33

Website zur Alpentour: www.messers-alpentour.de/

# Auswahl der Publikationen von Barbara Messer

*Inhalte merk-würdig vermitteln. 56 Methoden, die den Merkfaktor erhöhen.* 2., überarb. und erw. Auflage, Weinheim und Basel: Beltz Verlag 2016

*Ungewöhnliche Trainingspfade betreten. Vertiefende, interaktive, pure und nachhaltige Trainingsinterventionen jenseits der Norm.* Bonn: managerSeminare Verlags GmbH 2014

*Das schaffst du schon. Eine Ermutigung für Menschen in Lebenskrisen.* Offenbach: Gabal 2013

*Mensch bleiben. Wahre Geschichten aus der Altenhilfe.* Hannover: Schlütersche Verlagsgesellschaft 2014

*100 Tipps für die Validation.* 4., aktual. Aufl., Hannover: Schlütersche Verlagsgesellschaft 2017

*Helfersyndrom? Strategien für verantwortungsvolle Pflegekräfte.* Hannover: Schlütersche Verlagsgesellschaft 2014

*Das 1 x 1 des Führens in der Pflege. Impulse für eine zeitgemäße Führungsarbeit.* Hannover: Schlütersche Verlagsgesellschaft 2011

*Tägliche Pflegeplanung in der stationären Altenpflege. Handbuch für eine fähigkeitsorientierte Pflegeplanung.* 3., aktual. Aufl., Hannover: Schlütersche Verlagsgesellschaft 2008

*Pflegeplanung für Menschen mit Demenz. Einfach, echt und individuell planen und schreiben.* 2., aktual. Aufl., Hannover: Schlütersche Verlagsgesellschaft 2009

*100 Tipps für die ambulante Pflegeplanung. Mit vielen Formulierungshilfen. Aktuelle Beispiel-Pflegeplanungen. Das FEEL-Modell in der Praxis.* Hannover: Schlütersche Verlagsgesellschaft 2013

*100 Tipps für die Pflegeplanung in der stationären Altenpflege.* 2. aktual. Aufl., Hannover: Schlütersche Verlagsgesellschaft 2012

# Vorankündigung

Barbara Messer

## Ich fahr dann mal los

Ein Jahr wie kein anderes im Wohnmobil

14 x 21,5 cm, ca. 120 Seiten mit farbigen Abbildungen
ISBN 978-3-95904-019-8
Edition Forsbach 2017

erscheint im Frühjahr 2017

Viele Menschen wollen ihrer Alltagsroutine entfliehen, hoffen auf das große Glück durch Reisen, Autos, Immobilien und andere Statussymbole. Der goldene Käfig glänzt und engt zugleich auch ein. Ein Ausstieg scheint nicht möglich.

Barbara Messer zeigt in ihrem Buch „Ich fahr dann mal los", dass die kleinen Abenteuer im Alltag möglich sind. Es ist ein Plädoyer für ein einfaches und pures Lebenskonzept.

Sie lebte ein Jahr in einem Wohnmobil, arbeitete von dort aus als Trainerin, Autorin, Coach und Rednerin. Sie löste ihren Hausstand auf, reduzierte extrem, verkaufte, entsorgte, lagerte ein und erfuhr somit, wie wenig sie letztlich wirklich für ein intensives Leben benötigt. Sie nahm ihre 12-jährige Katze „Hexe" mit, die jeden Tag wieder freiwillig aus- und einstieg.

Neben dem Materiellen ließ sie viele Alltagsgewohnheiten weg, die plötzlich überflüssig wurden. Dazu kamen eine neue Intensität und eine Entschleunigung des Alltags, die sich viele Menschen wünschen.

In diesem Buch können Sie Barbara Messer heimlich über die Schulter schauen und Anteil nehmen an vielen kleinen Alltagsabenteuern und nachdenklichen Geschichten.

# Trainings, Coachings, Vorträge

**Barbara Messer bietet Trainings & Workshops an:**

- Train the Trainer (u. a. eine zertifizierte Trainerausbildung)
- Team- und Führungskräfteentwicklung
- Kommunikation & Co
- Unternehmenskultur, Leitbildarbeit etc.
- Großgruppen-Events
- Trainings und Workshops für die Pflege- und Gesundheitsbranche

**Barbara Messer ist Rednerin und Moderatorin**

Hier eine Auswahl der Themen:

- Das schaffst du schon! So wachsen wir durch Krisen!
- Warum kalt duschen nicht reicht – Resilienz 4.0
- Du bist besser als dein „bestes Stück" – Alternativen zu PowerPoint
- Bevor es zu spät ist
- Zu tief ins Dekolleté geschaut
- Lebe lieber unperfekt!
- Moderation von Kongressen und Tagungen

**Barbara Messer ist Coach, Mentorin und Wegbegleiterin für:**

- Menschen und kleine Gruppen
- Menschen in Krisen
- Menschen, die in Führung gehen wollen, privat und beruflich
- Führungskräfte

Weitere Informationen finden Sie hier:

# www.barbara-messer.de

**MESSERS**
ALPENTOUR

## Sieben Tage, die Ihr Leben verändern werden!

Holen Sie sich eine Auszeit, um in einem intensiven Coaching der außergewöhnlichen Art Ihre Themen anzugehen: zu Fuß über die Alpen.

In diesen sieben Tagen räumen Sie innerlich auf und erlangen Klarheit, stärken Ihre eigene Resilienz, erarbeiten „liegengebliebene Prozesse", arbeiten an Ihrer persönlichen „Heldenreise" und bringen Versöhnungsprozesse in Gang.

Kommen Sie mit mir!

**www.messers-alpentour.de**

# Messers Alpentour
# in Bildern

*Mein Rucksack*

*Aufbruch in Lenggries*

*Kleines Pausenglück in Jachenau*

*Regennasse Wäsche trocknen!*

*Aufstieg*

*Badepause im wilden Bach*

*Schlafboden im Karwendelhaus*

*Traumhafter Abend auf der Hallerangeralm*

*Schafherde, die mich durchschreiten ließ*

*Glücklich aufgestiegen*

*Weggefährten*

*Verdientes Bier am Schlegeisspeicher*

*Abendstimmung an der Dominikushütte*

*Kurz vor Italien*

*Fanti ist aus dem Rucksack heraus*

*Zu Fuß nach Italien – glückliche Ankunft*

*Fanti an der Grenze*

*Kleeblattfreude*

*Süße Einkehr*

*Gipfelträume zwischen Pfitscherjoch und Pfunders – Monte Botte*

*Glücklich und erschöpft zugleich beim Aufstieg*

*Weggefährten mit glänzenden Augen*

*Waghalsiger Aufstieg zur Puezhütte*

*Eindrückliche Dolomiten*

*Überall sind imposante Berge*

*Auf dem Weg*

*Mein geliebtes Regencape*

*Freudentanz am Piz Boè*

*Fundstück am Wegesrand*

*Stolz und staunend durch diese Bergwelt*

*Hungriges Pausenglück*

*Schlaflager in der Puezhütte*

*Ziegenkäse an der Hütte*

*Krautsalatglück in Pfunders*

*Vom Grödner Joch zum Rifugio Pisciadù I*

*Vom Grödner Joch zum Rifugio Pisciadù II*

*Glücklich oben*

*Von der Puezhütte zum Grödner Joch*

*Schneefelder auf dem Weg*

*Glück in allen Poren – Rifugio Tissi*

*Gipfelstürmerin am Monte Civetta*

*Endlich – Regenpause auf dem Weg Alleghe*

*Ein göttlicher Platz – in der Nähe vom Rifugio Tissi*

*Ohne Worte – Monte Civetta*

*Dolomiten im Abendlicht – Monte Castello*

*Aufstieg*

*Mit mir selber konfrontiert*

*Und noch einmal Gipfelglück. Rundumsicht zum „Immer-Erinnern"*

*Bilderbuchlandschaften – kurz vor Belluno*

*Schönheiten am Wegesrand*

*Letzte Pause vor Belluno am Bachbett*

*Am Ziel. Drei Wochen zu Fuß über die Alpen*